¡Sssssshhhhhhhhhhh!

Haz del teatro algo íntimo

Llévalo siempre en el bolsillo

Cubierta y diseño editorial: Éride, Diseño Gráfico
Dirección editorial: ángel jiménez
Dirección de la colección: Ramón Paso
Maquetación: Ana Azorín

Primera edición: octubre, 2025

Drácula
John L. Balderston
© De la versión al español: Ramón Paso
© De la traducción: Sandra Pedraz Decker
© Del prólogo: Inés Kerzan
© VdB, 2025
Espronceda, 5
28003 Madrid

VdB®

ISBN: 979-13-87644-52-9
Depósito Legal: M-22495-2025
Diseño y preimpresión: Éride, Diseño Gráfico

Este libro protege el entorno

ᛏᚾ

De John L. Balderston
basada en la novela
de
Bram Stoker

Versión al español de
Ramón Paso

Traducción de Sandra Pedraz Decker

John L. Balderstone
(1889 - 1954)

Dramaturgo, guionista y periodista estadounidense, conocido por su influyente adaptación teatral de *Drácula* para Broadway en 1927 y sus contribuciones al cine de terror y fantasía. Trabajó como periodista para The Philadelphia Record y fue corresponsal de guerra durante la Primera Guerra Mundial.

En 1926, Balderston coescribió *Berkeley Square*, una obra sobre viajes en el tiempo basada en una novela de Henry James, que triunfó en Londres y Broadway. En 1927, adaptó la obra *Drácula* de Hamilton Deane (basada, a su vez, en la novela de Bram Stoker) para Broadway, revisando y modificando el libreto para el público estadounidense. Estrenada en el Fulton Theatre con Béla Lugosi como Drácula, la producción fue la base para la película de 1931. Tras mudarse a Hollywood, Balderston destacó como guionista. Escribió, entre otros textos, *La momia* (1932), *La novia de Frankenstein* (1935), *Tres lanceros bengalíes* (1935) y *Gaslight* (1944), recibiendo nominaciones al Oscar por las dos últimas. También contribuyó en el texto de *Lo que el viento se llevó* (1939) y *La hija de Drácula* (1936).

Durante sus últimos años, compaginó la escritura cinematográfica con la docencia, siendo profesor de teatro en la Universidad del Sur de California. Su último guion fue *Red Planet Mars* (1952). Falleció en 1954, dejando un legado duradero en el teatro y cine de terror.

**Bram Stoker
(1847 - 1912)**

Escritor irlandés mundialmente conocido por su novela
Drácula (1897), una de las obras más influyentes de la li-
teratura de terror gótico. Durante su infancia, Stoker su-
frió una enfermedad desconocida que lo mantuvo postra-
do en cama varios años. Esta experiencia influyó en su
imaginación y en su inclinación hacia lo sobrenatural. Ya
recuperado, estudió en el Trinity College de Dublín, donde destacó como atleta y académico.

Fue crítico teatral para el Dublin Evening Mail. Gracias a esto, conoció al célebre actor Henry Irving, con quien
entabló una estrecha amistad, convirtiéndose en su secre-
tario personal y, más tarde, en el administrador del Lyceum
Theatre en Londres, donde trabajó durante casi tres déca-
das. En 1897 publicó su obra más famosa, *Drácula*, una
novela epistolar que combina elementos del folclore euro-
peo, el miedo a lo desconocido y los cambios sociales de
la época victoriana. El personaje del conde Drácula se ha
convertido en un icono cultural y ha inspirado innume-
rables adaptaciones teatrales, cinematográficas y litera-
rias. Otras novelas reconocidas de Stoker son *La dama
del sudario* y *La joya de las siete estrellas*.

Murió en 1912 a causa de una enfermedad cerebro-
vascular, se cree que provocada por la sífilis. Fue enterrado en el cementerio de Golders Green, en Londres.

Ramón Paso
(Madrid, 1976)

Dramaturgo, guionista y director de escena. Nieto de Alfonso Paso y bisnieto de Enrique Jardiel Poncela.

Cuenta a sus espaldas con más de cincuenta montajes teatrales, tanto como dramaturgo, director de escena o en ambas funciones, entre los que podemos destacar títulos como *El reencuentro, El mensaje, Dos locas de remate, La importancia de llamarse Ernesto, Usted tiene ojos de mujer fatal... en la radio, Otelo a juicio, Blablacoche, Papá es Peter Pan y lo tengo que matar, La ramera de Babilonia, Drácula. Biografía NO autorizada, Lo que mamá nos ha dejado, El secreto, Huevos con amor, Jardiel enamorado* o el musical *Desencantadas*. Por otro lado es responsable de las últimas versiones estrenadas de *Eloísa está debajo de un almendro* de Jardiel Poncela, *Otra vuelta de tuerca* de Henry James, *Sueño de una noche de verano* de William Shakespeare o *Tragedia española* de Thomas Kyd.

Además, ha trabajado como guionista de televisión para algunas de las más importantes productoras audiovisuales del país.

Desde 2016 hasta 2018 trabajó en el Centro Dramático Nacional como asesor de dramaturgia, bajo las órdenes de Ernesto Caballero.

John L. Balderston

Drácula

basada en la novela
de
Bram Stoker

Versión al español de
Ramón Paso

LA TEATRALIDAD DE LOS VAMPIROS O LA INMORTALIDAD DEL TEATRO

Se me ocurren pocos *matrimonios* más adecuados que el de los vampiros y el teatro. Ambos son animales nocturnos, estructuran su existencia alrededor de una ritualidad, están rodeados de misterio... Comparten también la longevidad, por muchos inventos nuevos que aparezcan para sentenciar al teatro, como el cine a finales del siglo XIX o Netflix al comienzo de este, el teatro como espectáculo sobrevive a todo, es inmortal. Y también puede concederle el don de la inmortalidad a los artistas que le son afines y fieles, al igual que lo hacen los vampiros. Hay dos formas de llegar hasta estas criaturas, ninguna exenta de peligro. La primera es buscándolas, en este supuesto, lo que tratamos de encontrar, siempre, es esa inmortalidad, en sus distintas variantes y matices; la segunda es por casualidad, si este es el escenario solo me queda lanzar una advertencia, por si hay algún inocente lector para el que esta obra sea su primer encuentro con cualquiera de ellas, los demás ya saben de lo que hablo: espere una aventura sobrenatural de estímulos *esclavizantes*. Sea cual sea su caso, ya estará atrapado. No podrá renunciar a su presencia, ambos son seres carismáticos, capaces de seducir a sus víctimas, de cautivar a su audiencia. La erótica del escenario es, incluso, más poderosa que la de un vampiro... Cuando te sientas en un patio de butacas corres más riesgo que en una cita con Drácula. Si sale mal, en la cita puedes perder la vida, pero en el teatro podrías perder el alma. También son criaturas poderosas, el arte impulsa revoluciones, y tanto poder los convierte en seres temidos, incluso en proscritos en según qué época. Ni a los actores ni a los vampiros se los enterraba en sagrado. Y, por último, comparten su fuente de vida; ambos se alimentan de lo *humano*.

¿Por qué entonces esta unión, aparentemente perfecta, es tan poco fructífera? No hay muchas historias de vampiros en teatro, no hay muchas historias de terror en teatro. Lo tienen todo para ser el amor de sus vidas y, sin embargo, funcionan como un lío de una noche con el que no te apetece mucho repetir.

Este *Drácula* de John L. Balderston es la primera adaptación autorizada de la novela de Bram Stoker. Todos conocemos la historia del *Nosferatu* de Murnau, que adaptó la novela al cine sin pedir los derechos y fue condenado, no solo a pagar una cuantiosa indemnización, sino a destruir todos los ejemplares de la cinta. Gracias a que ya se había estrenado en varios países europeos fue imposible y aún se conserva esa primera película *ilegal* basada en la novela de Stoker. Me niego a considerar la *ilegal* una versión legítima por respeto al autor —aprovecho para decir que los cambios de la *ilegal*, en mi opinión, empeoran la historia original— por lo que, con justicia, la versión teatral que el lector tiene en sus manos es la primera. Fue estrenada en Londres en 1924, firmada por Hamilton Deane, y en Broadway en 1927, firmada por ambos. Y fue un gran éxito en ambas ocasiones. Resulta que este texto teatral es un excelente ejemplo de cuando este *matrimonio* funciona. Mantiene la tensión y el misterio a lo largo de toda la pieza y le aguanta el tipo a la novela, cosa nada fácil, teniendo en cuenta los medios ilimitados con los que trabaja un novelista, especialmente útiles en un género de fantasía. Esta versión utiliza con gran inteligencia los recursos teatrales y sienta las bases para lo que debió de ser una producción espectacular, las fotos y la acogida del público dan testimonio de ello. Los trucos ideados para las desapariciones de Drácula y otros efectos sorprendentes hacían las delicias de los espectadores. Otra curiosidad de esta producción es que fue Béla Lugosi quien estrenó el papel de Drácula en Broadway, cuatro años antes de encarnarlo en la gran pantalla. Su interpretación valiente y distinta, chocó al principio con los cánones de la época, pero pronto se convirtió en leyenda. Este éxito en el escenario fue, probablemente, lo que le dio el papel en la versión cinematográfica, cuyo guion también estaba basado en la versión teatral que están a punto de leer. En resumidas cuentas, esta versión es la madre de todas las demás.

En base a este éxito, el *matrimonio* parecía sólido... Pero entonces llegó el cine, que se adueñó del género sin piedad. Al fin y al cabo, con un cambio de plano tienes un susto, y en teatro hay que esforzarse mucho más. Imagino que, por la incapacidad de competir económicamente con los recursos del cine, los efectos especiales son caros y pronto fueron la especialidad de este medio en auge —con mucho menos se consigue mucho más y se gana más dinero— el teatro cedió ese terreno sin luchar. Sin saber que renunciaba a su media naranja.

En el teatro son pocos los trucos que sirvan, y recrear una historia de las características de los grandes clásicos de terror gótico, con la verosimilitud necesaria para que el público siga la peripecia, requiere de mucho talento e imaginación. Es verdad que el teatro no puede competir en efectos especiales con el cine, pero el error estuvo en creer que era necesario. El error estuvo en confundir el hiperrealismo con la verosimilitud. En no darse cuenta de que la búsqueda de ese hiperrealismo en el cine dejaba un hueco al teatro, el de la imaginación y la honestidad, el de la cercanía y la atmósfera. Después de pasar por la sangre sin límites, los sustos con cambios de planos y los monstruos creados por ordenador, después de la novedad de lo que los efectos especiales podían aportar al género de terror, el propio cine entendió que principalmente necesitaba de una historia, una buena trama y unos buenos personajes. Los sustos dan igual si no te importa el protagonista. Y eso es a lo que siempre ha tendido el teatro, el teatro es la casa del texto. La verosimilitud no tienen que darla los grandes efectos, sino una historia bien escrita y unas buenas interpretaciones. Aunque la producción sea sencilla, si esas dos cosas son auténticas, la obra gustará y el público pasará miedo. Este texto es prueba de ello. Recuerdo, en concreto, un momento de la obra, en el que Drácula se adueña de la voluntad de la criada. Resulta inquietante y angustioso, y que funcione, como verán ustedes cuando lleguen a él, depende exclusivamente de las palabras escritas y de las interpretaciones de Drácula y de la señorita Wells; no necesita más, ni menos. No hay trucos que ayuden, solo honestidad. Sin contar otros momentos de esta versión que son exclusivamente teatrales, mi favorito es el que pone el broche final a la obra, un breve parlamento a público de Van Helsing, después de caído el telón, que excita la imaginación y la sugestión del espectador, para que la realidad creada en el transcurso de la representación le acompañe a casa. Sin la cercanía y la complicidad del directo, esto no funcionaría.

Pequeño inciso respecto a esta versión para los eruditos de la novela de Stoker. No esperen identificar a todos los personajes en sus roles originales. Los de Mina y Lucy, por ejemplo, están invertidos. En esta historia, Mina es la primera víctima de Drácula, ya muerta en la obra, y Lucy la que lucha por su alma y su vida. Difiere de la novela y, curiosamente, de la primera versión cinematográfica de 1931 basada en esta misma versión, en las que Lucy es la primera víctima y Mina, prometida de John Harker, la que intenta escapar a la seducción de Drácula.

Y hablando de personajes femeninos, aún a riesgo de que se me echen encima todos los fans, tengo una crítica que hacerle al señor Stoker: dichos personajes están desdibujados en su novela. Entiendo que es una historia de aventuras, y la época en la que fue escrita y se desarrolla, nos sitúa en un universo eminentemente masculino. No hablo de cambiar eso, no hablo de la necesidad actual del falso feminismo de igualar la presencia de ambos sexos incluso en contra de la historia, sino de, sin desvirtuar las características de las mujeres de la época, darles un desarrollo más profundo, una psicología propia. Por su obra intuyo que Stoker conocía mejor el terror que a la mujer. Reconozco que me interesa más la visión de la versión cinematográfica de Coppola o la versión teatral de Ramón Paso, *Drácula: biografía NO autorizada*, en las que Mina mantiene una lucha interna porque quiere a su prometido y, a la vez, tiene una conexión emocional y sexual con Drácula, siendo ella trasunto de su antiguo amor. Resulta más emocionante y humaniza al monstruo que se condenó por amor y aún ama. Y Lucy, su mejor amiga y confidente, también tiene su propia trama, su historia de amor y su lucha. Recomiendo estas dos versiones, sin duda, mis favoritas, sin por ello dejar de venerar la fuente de la que fluyen. El éxito de la novela de Stoker es indiscutible. Al igual que la creación del personaje de Drácula —un hito en la ficción— que se ha convertido en uno de los más retratados de la historia en cine, televisión, cómic e incluso videojuegos.

Volviendo a las relaciones conyugales, el teatro le cedió terreno al cine y fue un error. Es el momento de recuperarlo. Casi cien años después se retoma la estela de este primer éxito con obras de terror como *Drácula: biografía NO autorizada* de Ramón Paso, el *Frankenstein* del National Theatre, o el éxito en el West End de *Ghost Stories*. Hay artistas que han entendido la idiosincrasia de este *matrimonio* y el público les acompaña. Aunque el género en teatro tiene aún mucho margen de desarrollo, cada vez hay más propuestas interesantes en el panorama cultural. Esta colección de Teatro Negro, dirigida por Ramón Paso, de la que forma parte esta versión de *Drácula*, recupera grandes historias y divulga nuevas, suponiendo un gran apoyo para este despertar del género sobre las tablas. El terror vuelve a casa, a la noche, a la peligrosa distancia del patio de butacas, al ritual que anida y amplifica los miedos humanos. Es hora de renovar los votos de este *matrimonio* de criaturas nocturnas. Les deseo una inquietante lectura y, si tienen oportunidad, una aún más inquietante visita al teatro. Y, como dice el profesor Abraham Van Helsing, recuerden que *estas cosas existen...*

Inés Kerzan
Actriz, escritora y productora
Madrid, 20 de febrero de 2025

Personajes

Por orden de intervención

Jonathan Harker
Wells
Dr. Seward
Abraham Van Helsing
R.M. Renfield
Butterworth
Lucy Seward
Drácula

ACTO PRIMERO

Librería de la planta baja del sanatorio del Dr. Seward, en Purley. La estancia es medieval, las paredes son de piedra, con el techo abovedado, sostenido por dos columnas también de piedra, pero está confortablemente amueblado en un estilo moderno. Revestimiento de madera sobre las paredes. Sobre ellas, cuelgan tapices. En la pared de la derecha, una chimenea medieval. El fuego está encendido. Hay un diván en el centro a la derecha y un sillón grande a su derecha. A la izquierda, un escritorio con un sillón detrás, y una silla pequeña a la derecha del escritorio. Puertas dobles en la pared del fondo. Hay un gran ventanal doble recorriendo la habitación, al fondo a la izquierda, que lleva al jardín. Las cortinas están cerradas. Una puerta en primer término izquierda. Hay un panel corredizo invisible al fondo, en la pared de la derecha, en la librería. **Wells**, *la criada, una joven atractiva, entra, guiando a Jonathan* **Harker**. **Harker** *es un hombre joven de unos veinticinco, atractivo en apariencia; el típico chico inglés de escuela pública, pero directo en sus maneras, explosivo, incisivo y nervioso.*

Harker   (*Agitado.*) ¿Está segura de que Lucy no ha empeorado?

Wells   (*Dulcemente.*) Sigue igual, señor.

(*Sale a escena el Dr.* **Seward**, *desde la izquierda. Se trata de un psiquiatra de cincuenta y cinco años, inteligente, pero el típico especialista que vive sumergido en un mundo de libros, no un hombre de acción o fortaleza de carácter.* **Wells** *hace mutis, cerrando la puerta.*)

Seward   ¡Oh! John.

Harker   (*Al tiempo que* **Seward** *le extiende la mano.*) Doctor Seward, ¿qué ocurre? ¿Por qué ha mandado buscarme?

Seward   Mi querido John, le dije en mi telegrama que no había novedades.

Harker   Sí, dijo usted no hay cambios, no se preocupe, pero que viniera enseguida.

Seward   (*Con aprobación.*) Y no ha perdido el tiempo.

Harker   Salté al coche y quemé la carretera desde Londres. Oh, doctor, seguro que hay algo más que podamos hacer por Lucy. Daría mi vida con gusto si eso la salvara.

Seward   Estoy seguro de que lo haría, hijo. La ama con la sangre caliente de la juventud, pero no olvide que yo también adoro a mi hija. Es todo lo que tengo... Ya ve que nada de lo que la ciencia médica pueda sugerir se ha dejado de intentar.

Harker	(*Amargamente.*) La ciencia médica no pudo hacer mucho por Mina. Pobre Mina.
Seward	Sí, pobre Mina. Murió tras sufrir los mismos síntomas que mi Lucy ha desarrollado.
Harker	También es mi Lucy.
Seward	Nuestra Lucy, entonces.
	(*Una risa salvaje, maníaca, se escucha fuera de escena, a la izquierda.*)
Harker	Dios mío, ¿qué ha sido eso?
Seward	(*Se sienta en el escritorio.*) Solo es Renfield. Uno de mis pacientes.
Harker	Pero usted nunca trata a pacientes violentos en su sanatorio. Lucy no debería tener que escuchar esos delirios infernales.
Seward	Estoy de acuerdo, y estoy decidido a trasladarle. Hasta hace poco, se mantenía siempre en silencio. Sentiré su marcha.
Harker	¡¿Qué?!
Seward	Se trata de un caso inusual. Es zoófago.
Harker	¿Eso qué significa?
Seward	Un maníaco que come vidas.

Harker	¿Cómo?
Seward	Sí, piensa que absorbiendo vidas podrá prolongar la suya propia.
Harker	¡Dios mío!
Seward	Caza moscas y se las come. También alimenta a las arañas con ellas. Las ceba. Luego se come las arañas.
Harker	¡Qué desagradable! (*Se sienta.*) Pero hábleme de Lucy. ¿Por qué ha mandado buscarme?
Seward	Ayer envié un telegrama a Holanda, a mi viejo amigo el profesor Van Helsing. Llegará pronto. El coche acaba de salir hacia la estación para recogerle. Voy a dejar el caso de Lucy en sus manos.
Harker	¿Otro especialista en anemia?
Seward	No, hijo mío, sea lo que sea esto, no se trata de anemia, y este hombre, que habla una docena de lenguas tan bien como la suya propia, sabe más sobre enfermedades oscuras del alma que cualquier persona en el mundo.
Harker	(*Levantándose.*) Dios sabe que se trata de algo fuera de lo común, pero también es cierto que los síntomas son casi diría que vulgares.

Seward   Así fueron los de la pobre Mina. Perfectamen-
te vulgares. (*Un perro aúlla en la lejanía. Otros
perros se unen.* **Seward** *se pone de pie y se acerca a la chimenea.*) Ahí están, de nuevo. ¡Todos
los perros de aquí a una milla!

Harker   (*Va hasta la ventana.*) Parecen aullidos de terror.

Seward   Llevo escuchando lo mismo cada noche desde que Mina cayó enferma.

Harker   Cuando viajaba a través de Rusia, y los perros
del pueblo aullaban así, los nativos siempre de-
cían que había lobos merodeando.

Seward   (*Coge un cigarrillo y lo enciende.*) Me extraña-
ría mucho que encontrara lobos en Purley. ¡A
veinte millas de Londres!

Harker   Esta vieja casa podría encontrarse en medio de
un desierto. (*Mira por la ventana.*) No hay nada
a la vista, excepto ese sitio, Carfax, que el conde Drácula ha comprado.

Seward   (*Volviéndose de la chimenea.*) Su amigo, el conde, volvió la pasada noche.

Harker   No es amigo mío.

Seward   No diga eso. (*Se sienta en el diván.*) Se ha ofre-
cido a someterse él mismo a una transfusión si
necesitamos sangre para Lucy. Igual que usted

y yo le dimos la nuestra a la querida Mina y, después, a nuestra Lucy.

Harker   Es muy generoso por su parte. Veo que le he juzgado de forma precipitada.

Seward   Parece realmente interesado por Lucy. Si fuera un hombre joven, creo...

Harker   ¡¿Qué está insinuando?!

Seward   Pero toda su actitud demuestra que no se trata de eso. Necesitamos solidaridad en esta casa, John, y me siento agradecido por ello.

Harker   Yo también. Cualquiera que se ofrezca a ayudar a Lucy puede disponer de todo lo que tengo.

Seward   Sí creo que la está ayudando. Siempre parece estar más animada cuando viene.

Harker   Eso está bien. ¿Puedo ir a ver a Lucy ahora?

Seward   (*Incorporándose.*) Iremos juntos. (*Suena el timbre.* **Harker** *cruza hacia la puerta de la izquierda.* **Seward** *deja el cigarrillo en el cenicero.*) Ese debe de ser Van Helsing. Adelántese y yo iré inmediatamente.

    (**Harker** *hace mutis.* **Wells** *precede a Abraham* **Van Helsing**, *que entra enérgicamente. Se trata de un hombre de mediana estatura, de cincuenta y pocos años, con un rostro astuto, bien afeitado,* *unas pobladas cejas grises y una aglomeración de pelo gris, peinado hacia atrás, dejando ver una frente alta. Sus ojos son oscuros y penetrantes, nerviosos, siempre alerta, y tiene un aire de resolución, se trata de un hombre de acción. Su forma de hablar es incisiva, va siempre al grano, pronunciando las palabras brusca y rápidamente.* **Van Helsing** *lleva una pequeña bolsa negra.*)

Wells El profesor Abraham Van Helsing.

Seward (*En cuanto* **Wells** *hace mutis, le estrecha la mano efusivamente a* **Van Helsing**.) Mi querido Van Helsing, nunca podré compensarle por esto.

Van Helsing Aunque hubiera sido un paciente suyo, en lugar de su hija, habría venido. Usted me ayudó una vez y yo tengo buena memoria, querido amigo.

Seward No hable de eso. Usted lo habría hecho por mí. (*Comienza a llamar.*) Déjeme ofrecerle algo para comer...

(**Van Helsing** *le detiene con un gesto.*)

V. Helsing (*Deja su bolsa en la mesa que hay cerca del diván.*) He cenado en el tren. No me gusta perder el tiempo cuando hay trabajo que hacer.

Seward Ah, Van Helsing, ya me ha lanzado su viejo hechizo. Confío plenamente en usted antes de que haya pasado ni dos minutos en mi casa.

V. Helsing   Me escribió por los síntomas de su hija. Cuénteme más sobre la otra joven, la que murió.

(*Le muestra a* **Van Helsing** *una silla a la derecha del escritorio.* **Seward** *se sienta en el escritorio.*)

Seward   Pobre Mina Weston. Tenía la misma edad que Lucy. Eran inseparables. Estaba aquí de visita cuando empezó a encontrarse mal. Cuando le escribí, se sentía cada vez más débil, se iba consumiendo día a día. Pero no tenía síntomas de anemia, su sangre era normal cuando la analizamos. ¡Una anemia huidiza y que esquivó nuestros esfuerzos hasta que fue demasiado tarde!

V. Helsing   Dijo que le realizaron una transfusión.

Seward   (*Descubriéndose el antebrazo.*) ¿Ve esta marca? Bueno, la misma Lucy, y su prometido, John Harker, también le dieron su sangre.

V. Helsing   Así que... tres transfusiones... ¿Y qué efecto tuvieron?

Seward   Se recuperó después de cada una. Recuperaba el color en las mejillas, pero a la mañana siguiente volvía a estar débil y pálida. Se quejaba de tener pesadillas. Hace diez días la encontramos sumida en un estado de estupor del cual nada pudo sacarla. Y murió.

V. Helsing   Y... ¿los demás síntomas?

Seward	Nada, excepto esas dos pequeñas marcas en el cuello sobre las que le escribí.
V. Helsing	Y que han hecho que yo viniera tan rápido. ¿Qué aspecto tenían?
Seward	Simplemente, dos pequeños puntos blancos con el centro rojo. (**Van Helsing** *asiente sombríamente.*) Decidimos que debía de haberse clavado un alfiler en la garganta, tratando, durante su delirio, de sujetar una bufanda o un chal.
V. Helsing	Puede ser. ¿Y los síntomas de su hija son los mismos?
Seward	Precisamente. Ella también habla de pesadillas. Van Helsing, usted ha vivido en el trópico. ¿No podría ser esto algo ajeno a nuestra experiencia médica en Inglaterra?
V. Helsing	(*Sombrío.*) Podría ser, amigo mío.
	(*Se escucha una risa detrás de la cortina de la ventana.* **Van Helsing** *se levanta, seguido de* **Seward**, *el cual cruza hacia la ventana y abre las cortinas.* **Renfield** *está allí, de pie. Se trata de un hombre repulsivo, con la cara distorsionada, los ojos desorbitados y el pelo despeinado.*)
Seward	(*Atónito.*) Renfield. ¿Cómo ha...?
V. Helsing	¿Quién es este hombre?

Seward   (*Cruza hacia el timbre. Lo hace sonar.*) Uno de mis pacientes. Esto es un grave descuido.

V. Helsing   ¿Nos ha escuchado hablar?

Renfield   Palabras... palabras... palabras...

Seward   Vamos, vamos, Renfield, sabe que no puede vagar por aquí. ¿Cómo ha salido de su habitación?

Renfield   (*Risas.*) ¿No le encantaría saberlo, doctor Seward?

Seward   ¿Qué tal las moscas? (*A* **Van Helsing**.) El señor Renfield tiene el pasatiempo de comer moscas. Me temo que también come arañas, en ocasiones. ¿No es así, Renfield?

Renfield   ¿Entrarás en mi salón?, dijo la araña a la mosca. Disculpe, doctor, no me ha presentado a su amigo.

Seward   (*Reprobándole.*) Vamos, vamos, Renfield.

V. Helsing   Sígale la corriente.

(*Entra* **Wells**.)

Seward   Dígale al ayudante que venga de inmediato.

Wells   Sí, señor.

(*Mutis.*)

Seward   Oh, muy bien. Profesor Van Helsing, el señor Renfield, un paciente mío.

(**Van Helsing** *avanza hacia él. Se dan la mano.* **Van Helsing** *le frota los dedos con el pulgar y* **Renfield** *aparta la mano.*)

Renfield   ¿Quién no conoce al profesor Van Helsing? Su trabajo, señor, en la investigación de ciertas enfermedades oscuras, relacionadas con fuerzas y poderes en los que la masa ignorante no cree, le ha hecho ganar una posición que la posteridad reconocerá.

(*Sale a escena* **Butterworth**, *vestido de uniforme. Se sobresalta al ver a* **Renfield**, *luego mira a* **Seward** *tímidamente.*)

Seward   (*Tan severo como su naturaleza suave le permite.*) Butterworth, ha vuelto a permitir que su paciente abandone su habitación.

Butterworth Señor, le dejé encerrado, y tengo la llave en el bolsillo.

Seward   ¡Es la segunda vez que esto ocurre! La pasada noche le dejó escapar e intentó colarse en la casa del conde Drácula a través de sus tierras.

Butt.   No ha podido abrir la puerta, señor, y hay una altura de treinta pies desde su ventana. (*Cruza hacia* **Renfield**.) Ahora se viene conmigo.

(*Cuando llegan a la puerta, sujeta a* **Renfield** *del cuello del abrigo y el brazo derecho.*)

Seward   Renfield, si esto vuelve a suceder, no le daré más azúcar para alimentar a sus moscas.

Renfield   (*Levantándose.*) ¿Y qué me importan las moscas... ahora? (**Butterworth** *mira a* **Van Helsing**.) Moscas. Las moscas no son más que pobres criaturas. (*Mientras habla sigue el vuelo de una mosca.* **Butterworth** *también ha visto la mosca. Suelta a* **Renfield** *con indulgencia. Con un movimiento de su mano,* **Renfield** *atrapa a la mosca, la sujeta entre las manos cerca de su oído, para escuchar su zumbido, mientras camina, luego se la lleva a la boca. Cuando ve que le observan, la libera rápidamente.*) Una forma baja de vida. Estoy por encima. Las moscas no me interesan en absoluto.

Butt.   ¿Ah, no? Alguno más de sus trucos y me llevo a su nueva araña.

Renfield   (*Balbucea, de rodillas.*) ¡Oh, no, no! Por favor, estimado señor Butterworth, por favor, déjeme mi araña. Se está poniendo tan bonita y tan lustrosa. Cuando se haya tragado otra docena de moscas estará en su punto, justamente en su punto.

(*Se ríe. Se frota las manos, luego caza una mosca y hace el gesto de comérsela.*)

V. Helsing   Vamos, señor Renfield, ¿qué le hace querer comer moscas?

Renfield   Las alas de una mosca, mi querido caballero, tipifican los poderes aéreos de las facultades psíquicas.

Seward   (*Con cansancio.*) Butterworth, lléveselo.

V. Helsing   Un momento, amigo mío. (*A* **Renfield**.) ¿Y las arañas?

Renfield   Profesor Van Helsing, ¿puede decirme por qué aquella enorme araña vivió durante siglos en la torre de la vieja iglesia española, y no hizo más que crecer? No comía nunca, pero bebía y bebía. Bajaba y se bebía el aceite de todas las lámparas de la iglesia.

Seward   Butterworth.

Renfield   Un momento, doctor Seward... (**Van Helsing** *saca un acónito de la bolsa y lo pone sobre la mesa.*) Quiero que me envíe lejos, ahora, esta noche, con una camisa de fuerza, si le es posible. Encadéneme para que no pueda escapar. Esto es un sanatorio, no un asilo para lunáticos. Este no es lugar para mí. Mis llantos molestarán a la señorita Lucy, que está enferma. Provocarán pesadillas a su hija, doctor Seward, ¡pesadillas!

Seward   (*Tranquilizador.*) Lo discutiremos por la mañana, Renfield.

(*Asiente hacia* **Butterworth**, *que se acerca a* **Renfield**.)

V. Helsing ¿Por qué tiene tantas ganas de irse?

Renfield (*Cruza hacia* **Van Helsing**, *duda, entonces, con un gesto de decisión.*) Se lo diré. No a ese idiota de Seward. Él no lo entendería. Pero usted... (*Un gran murciélago se estrella contra la ventana.* **Renfield** *se gira hacia la ventana, extiende las manos y farfulla.*) No, no, no, no iba a decir nada...

(**Butterworth** *cruza, observa a* **Renfield**.)

Seward ¿Qué ha sido eso?

Renfield (*Mira hacia la ventana, luego se gira.*) Un murciélago, caballero. ¡Solo un murciélago! ¿Sabe que en algunas islas de los mares del Este hay murciélagos que cuelgan de los árboles durante toda la noche? Y cuando el calor es asfixiante y los marineros duermen en las cubiertas de los barcos, por la mañana, les encuentran muertos... muy pálidos, como estaba la señorita Mina.

Seward ¿Qué sabe de la señorita Mina? (*Pausa.*) ¡Butterworth, llévele a su habitación!

V. Helsing (*A* **Seward**.) ¡Por favor! (*A* **Renfield**.) ¿Por qué tiene tanta necesidad de ser trasladado?

Renfield Para salvar mi alma.

V. Helsing ¿Su alma?

Renfield Oh, no obtendrá nada más de mí, buen profesor. Y no estoy seguro de si debería quedarme... Después de todo, ¿para qué sirve mi alma? Lo que voy a recibir a cambio... (*Se gira hacia la ventana.*) ¿No vale la pérdida de mi alma?

Seward (*Suavemente.*) ¿Qué le ha llevado a pensar en el alma? ¿Tiene en cuenta las almas de esas moscas y arañas?

Renfield (*Se tapona los oídos, agita los ojos, distorsiona la cara.*) ¡Le prohíbo que me atormente hablando acerca de las almas! Yo no quiero sus almas. Todo lo que quiero es su vida. La sangre es la vida...

V. Helsing ¿Y?

Renfield Eso está en la Biblia. ¿Para qué quiero las almas? (*A* **Van Helsing**.) No podría comérmelas o beb(*érmela*)...

(*Se interrumpe de repente.*)

V. Helsing O bebérselas...

(*Al sostener el acónito debajo de su nariz, la cara de* **Renfield** *convulsiona con rabia y odio. Retrocede de un salto.*)

Renfield ¡Sabe demasiado para estar vivo, Van Helsing! (*Se lanza de repente hacia* **Van Helsing**. **Seward**

y **Butterworth** *gritan al ver el ataque. Le detienen y le sujetan. Mientras arrastran a* **Renfield** *hacia la puerta, deja de luchar.*) Me iré en silencio. (**Seward** *le libera.*) Le he advertido que me envíe lejos. Doctor Seward, si no lo hace, deberá responder por mi alma ante Dios.

(**Renfield** *y* **Butterworth** *hacen mutis. Se escucha una risa salvaje.* **Van Helsing** *mete el acónito en la bolsa cuando* **Seward** *cierra la puerta.*)

Seward   Amigo mío, ¿no está herido?

V. Helsing   No.

Seward   Mis disculpas más sinceras. Pensará que mi casa está torpemente gestionada... (**Van Helsing** *rehúsa las disculpas con un gesto impaciente.*) ¿Qué era esa hierba que tanto le ha excitado?

V. Helsing   (*Mira brevemente por la ventana mientras cruza.*) Acónito.

Seward   ¿Acónito? ¿Qué es eso? Creía que conocía todos los fármacos del recetario.

V. Helsing   Eremophila. Plinio el Viejo menciona la planta. Solo crece en las zonas salvajes de Rusia central.

Seward   ¿Pero por qué la ha traído consigo?

V. Helsing   Es una forma de medicina preventiva.

Seward	Bueno, vivimos para aprender. Nunca había oído hablar de ella.
V. Helsing	Seward, quiero que vigile bien a ese lunático.
Seward	Lo que usted diga, profesor Van Helsing, pero es a Lucy a la que quiero que preste atención primero.
V. Helsing	Quiero mantener a ese hombre en observación.
Seward	(*Extrañado y dolido.*) No hay duda de que es un maníaco interesante, pero, sin duda, verá a mi hija.
V. Helsing	Debo ver todos los registros de su caso.
Seward	Pero doctor...
V. Helsing	¿Cree que he olvidado por qué estoy aquí?
Seward	(*Mientras comienzan el mutis por la izquierda.*) Discúlpeme. Por supuesto que le enseñaré los registros, pero no entiendo por qué siente tanta curiosidad por Renfield. En su vasta experiencia...

(*Hacen mutis. La habitación se queda vacía durante unos segundos, entonces sale* **Lucy** *a escena, ayudada por* **Harker**. *Se trata de una chica bonita de veinte años, vestida con una bata blanca. Su cara es extrañamente pálida. Camina con dificultad. Alrededor de su cuello lleva* *una bufanda. Cruza hacia el escritorio y se deja caer sobre él cuando* **Harker** *cierra la puerta.*)

Harker   Pensé que estaban aquí, Lucy.

Lucy   John, ¿crees que este nuevo médico será mejor que los demás?

Harker   (*Llevándola hacia el diván.*) Estoy seguro. De todas formas, Lucy, ahora que he vuelto, me quedaré contigo hasta que te recuperes.

Lucy   (*Encantada.*) Oh, John, ¿pero de verdad podrás? ¿Y tu trabajo?

Harker   (*Ayudándola a sentarse y sentándose luego a su lado.*) Tú eres lo primero.

Lucy   (*Cambia de repente.*) Yo... no creo que quedarte sea lo mejor, John. (*Echa un vistazo alrededor.*) A veces... siento que necesito estar sola.

Harker   Lucy, ¿cómo puedes decir que no me quieres a tu lado, cuando estás tan enferma? (*Cogiendo su mano.*) Me amas, ¿verdad?

Lucy   (*Afectuosa.*) Sí, John, con toda mi alma.

Harker   Tan pronto como estés recuperada, te llevaré conmigo. Nos casaremos el mes que viene. No vamos a esperar hasta junio. Alargaremos la luna de miel a tres meses, en vez de uno, y la casa estará lista en julio.

Lucy   (*Emocionada.*) John, ¿crees que podremos?

Harker   Por supuesto, ¿por qué no? Mi madre quiere que esperemos, pero lo entenderá, y yo quiero alejarte de aquí... (*Comienza a besarla. Ella tiembla cuando lo hace.*) ¿Por qué tiemblas cuando te beso? Eres tan fría, Lucy, siempre tan fría... Ahora...

Lucy   (*Con ternura, pero sin pasión.*) Perdóname, querido. Soy tuya, toda tuya. (*Se aferra a él. Él la abraza. Ella se hunde de nuevo.*) Oh, John, estoy tan cansada... tan cansada.

(**Seward** *y* **Van Helsing** *regresan.*)

Seward   Lucy, querida, este es mi viejo amigo, el profesor Van Helsing.

(*Ella se incorpora, extiende su mano hacia él.*)

V. Helsing   Mi querida señorita Seward... (*Besa la mano de* **Lucy**.) No recuerda al viejo Van Helsing. La conocí cuando era usted una niña pequeña. Tan esbelta... y ahora, cuánto carisma, cuánta belleza. Un poco pálida, sí, pero haremos regresar el color rosa a esas mejillas.

Lucy   Ha sido tan amable por venir, profesor.

V. Helsing   Y este es, sin duda, el afortunado hombre con el que se va a casar.

Seward   Sí, John Harker, profesor.

Harker   Mire, profesor, no voy a interponerme en su camino, pero si al doctor Seward le parece bien, me quedaré junto a Lucy mientras se recupera. (*A* **Seward**.) Es un auténtico infierno estar lejos, en Londres, y no soy capaz de trabajar.

Seward   Es más que bienvenido, hijo mío.

V. Helsing   En efecto. Debí haberle pedido yo mismo que se quedara. Puedo necesitarle. (*Coge una silla del escritorio y la coloca a la izquierda del diván. Se gira hacia* **Lucy**.) Ahora túmbese de nuevo, así... (*Examina sus párpados con cuidado y le toma el pulso.*) Y ahora dígame cuándo comenzó a sentir esa debilidad.

(*Se sienta, después de examinarla, mira sus encías, examina sus uñas y saca el reloj y le toma el pulso.*)

Lucy   Dos noches después de que la pobre Mina fuera enterrada tuve... una pesadilla.

V. Helsing   ¿Una pesadilla? Hábleme sobre ella.

Lucy   Recuerdo escuchar perros aullando antes de irme a la cama. El aire era opresivo. Dejé encendida la lamparita de la mesilla. Sentía cómo me precipitaba hacia las ignotas regiones del sueño, cuando una niebla fétida invadió mi habitación...

V. Helsing   ¿Estaba abierta la ventana?

Lucy   Sí, siempre duermo con la ventana abierta.

V. Helsing   Oh, por supuesto, es inglesa. (*Se ríe.*) Los del continente no somos tan de aire fresco. Y entonces...

Lucy   La niebla era tan espesa que solo alcanzaba a ver la lámpara de al lado de mi cama... De pronto, un leve destello en la bruma, y luego... (*Histérica.*) Vi dos ojos observándome y un rostro lívido mirándome a través de la niebla. ¡Fue horrible, horrible!

(**Harker** *hace un movimiento hacia ella.* **Van Helsing** *le frena con un gesto.*)

V. Helsing   Un momento... (*Suavemente, apartándole las manos de la cara.*) Continúe, por favor.

(**Lucy** *siente un ligero escalofrío cuando* **Van Helsing** *le toca las manos. Se sobresalta. Mira a* **Harker** *y se sobresalta de nuevo, igual que cuando fija sus ojos en* **Seward**. *Luego, su mirada regresa a* **Van Helsing** *y se relaja.*)

Lucy   Sé que fue un sueño lo vivido aquella noche y aun así... La mañana siguiente, mi doncella apenas pudo despertarme. Me sentía débil y lánguida. Me pareció que había perdido una parte de mi vida.

V. Helsing   ¿Ha habido más sueños de este estilo?

Lucy   Casi cada noche desde que apareció la niebla... Los ojos rojos y ese rostro horrible...

(*Vuelve a cubrirse la cara con las manos.* **Van Helsing** *la tranquiliza, mientras le aparta las manos de la cara.*)

Seward   Hemos probado dos veces con una transfusión. Cada vez recupera sus fuerzas.

Lucy   Pero luego tengo otro sueño. Y ahora temo a la noche. Sé que suena absurdo, profesor, pero, por favor, no se ría de mí.

V. Helsing   Eso es poco probable, señorita Lucy... (*Con cuidado, sin pedir permiso, comienza a quitarle la bufanda de alrededor del cuello. Ella pone su mano para detenerle y llora. Mira a* **Harker** *cuando su cuello está desnudo. Él se sobresalta.* **Van Helsing** *abre rápidamente la pequeña bolsa negra que ha dejado sobre la mesa y vuelve con una lupa médica; examina las dos pequeñas marcas de su cuello.* **Lucy** *está con los ojos cerrados. Controlándose con dificultad,* **Van Helsing** *vuelve a poner la lupa en la bolsa, la cierra y la pone sobre la silla del escritorio.*) ¿Y desde cuándo tiene esas pequeñas marcas en el cuello?

(**Seward** *y* **Harker** *se sobresaltan violentamente y se acercan al diván. Se miran con horror.*)

Lucy   Desde... la primera mañana.

Harker   ¿Por qué no nos lo habías contado?

Seward   Lucy, has llevado esa bufanda... ¡para ocultarlas!

(**Lucy** *se aferra compulsivamente a su cuello.*)

V. Helsing   No la presionen. No la pongan nerviosa. (*A* **Lucy**.) ¿Y bien?

Lucy   Tenía miedo de que os preocuparais, porque sé que... Mina las tenía.

V. Helsing   (*Con falsa jovialidad.*) Muy cierto, señorita Lucy, muy cierto. No son nada, y el viejo Van Helsing será testigo de cómo esos... sueños no la molestan más.

Wells   (*Desde la puerta.*) El conde Drácula.

(**Drácula** *sale a escena. Es un hombre alto, misterioso, de unos cincuenta años. Pulcro y distinguido. Continental en su apariencia y maneras.* **Lucy** *acusa cierta atracción hacia* **Drácula**.)

Seward   Oh, buenas noches, conde.

Drácula   Caballeros... (*Se inclina hacia los hombres, luego va hacia el diván y hace una reverencia a la manera cortesana.*) Señorita Seward, ¿cómo se encuentra? Esta noche parece por fortuna un poco más usted misma.

(**Lucy** *se emociona. Alterna la atracción con la repulsión, sin poder controlarlo. Le afecta la presencia de* **Drácula** *y se sugiere de forma sutil.*)

Lucy   Ya me siento mejor, conde, ahora que el viejo amigo de mi padre ha venido a ayudarme.

(**Drácula** *se gira hacia* **Van Helsing**. **Lucy** *eleva la vista hacia* **Drácula**, *siente repugnancia y se gira hacia* **Harker**.)

Seward   Conde Drácula, profesor Van Helsing.

(*Ambos hombres se inclinan.*)

Drácula   Uno de los científicos más distinguidos, cuyo nombre conocemos incluso en las regiones más salvajes de Transilvania. (*A* **Seward**.) Pero estoy interrumpiendo una consulta.

Seward   En absoluto, conde. Es bueno que haya venido, y apreciamos su gentileza.

Harker   El doctor Seward me ha hablado sobre su oferta, y no puedo agradecérselo lo suficiente.

Drácula   No es nada. Yo debería estar agradecido de que se me permita ayudar a la señorita Lucy.

Lucy   Siempre espero sus visitas, conde. Parece que me hacen sentirme, tal vez, un poco mejor.

V. Helsing	He llegado para encontrarme con un rival en mi campo.
Drácula	(*Cruza hacia* **Lucy**.) Usted me anima, señorita Lucy, a venir con más frecuencia, como sería mi deseo.
Lucy	(*Mirándole fijamente.*) Siempre estoy encantada de verle.
Drácula	Me temo que, a pesar de mi deseo, no soy la mejor compañía posible en su situación. Mis esfuerzos por entretenerla con mis viejas historias no tendrán el mismo éxito, ahora que tiene al profesor Van Helsing a su lado, y especialmente, ahora que el señor Harker se va a quedar con usted.
Harker	¿Cómo ha sabido que me voy a quedar, conde?
Drácula	(*Pequeño sobresalto.*) ¿Puede el amante galante preguntar algo así? Lo he deducido, amigo mío.
Harker	Está en lo cierto. Nada va a hacer que me mueva de aquí hasta que Lucy vuelva a estar en plena forma.
Drácula	¿Nada?
Lucy	Por favor, siga viniendo, conde. ¿Lo hará? ¡Prométame que lo hará!

(**Drácula** *se inclina y besa su mano. Entretanto,* **Van Helsing** *ha estado hablando con* **Wells**.)

V. Helsing   ...y usted no contestará a las llamadas. Ella no debe permanecer sola ni un instante bajo ninguna circunstancia, ¿lo entiende?

(*Mientras* **Drácula** *cruza hacia el escritorio,* **Lucy** *se inclina hacia él, extiende su mano, y luego se recupera.* **Van Helsing** *la ve mirar a* **Drácula**.)

Wells   Sí, señor.

V. Helsing   (*A* **Lucy**.) Bien. Su criada la llevará a su habitación. Intente descansar un poco, mientras hablo con su padre. (**Wells** *se acerca al diván para coger a* **Lucy**. *Pausa.* **Lucy** *mira a* **Drácula**.) Wells, recuerde. No la deje sola ni un instante.

Wells   Pierda cuidado, profesor.

(**Lucy** *intercambia una larga mirada con* **Drácula**, *mientras* **Wells** *se la lleva de escena*.)

Drácula   Profesor Van Helsing, así que ha venido del país de los tulipanes para curar la enfermedad nerviosa de nuestra encantadora Lucy. Le deseo mucho éxito.

V. Helsing   Gracias, conde.

Drácula   ¿Le parezco entrometido, doctor Seward? Soy un hombre solitario. Son mis únicos vecinos aquí, en Carfax. Y reconozco que su sufrimiento me ha conmovido enormemente.

Seward   Conde, estoy más agradecido por su amistad de lo que puedo expresar.

V. Helsing   ¿Es usted, igual que yo, un extraño en Inglaterra?

Drácula   Sí, pero me encanta este país y me deleito a menudo con las sorpresas y placeres de la magnífica Londres... Tan diferente de mi propia Transilvania, donde hay tan poca gente y tan pocas oportunidades.

V. Helsing   ¿Oportunidades, conde?

Drácula   Para mis diversiones, profesor.

Seward   Espero que no se haya arrepentido de haberse comprado esa ruina de allí enfrente.

Drácula   Oh, Carfax no es una ruina. Estaba en malas condiciones y llena de polvo, pero estamos acostumbrados a lo antiguo en Transilvania.

Harker   ¿Tiene pensado quedarse en Inglaterra, conde?

Drácula   Eso creo, amigo mío. Los muros de mi castillo están derruidos, y hay muchas sombras, y ya, con el tiempo, me he convertido en el último de mi raza.

Harker	Es un lugar solitario el que ha elegido... Carfax.
Drácula	Lo es, y cuando escucho a los perros aullando me veo a mí mismo de vuelta en mi castillo, con sus almenas rotas.
Harker	Ah, los perros aúllan cuando hay lobos merodeando, ¿verdad?
Drácula	Así es, amigo mío. Aunque también aúllan cuando no hay lobos. Pero consúltelo con el amante padre y el gran especialista... ¿Me permite leer un libro en el estudio? Estoy deseando escuchar lo que dice el profesor... y saber si puedo ser de alguna ayuda.
Seward	Por supuesto, conde. (**Drácula** *se inclina, hace mutis.* **Seward** *le observa salir. Los perros aúllan a lo lejos.*) Lamento la interrupción, profesor. A pesar de sus buenas intenciones, el conde ha sido inoportuno. Por favor, ¿qué le pasa a mi hija?
Harker	Sí, profesor, ¿qué cree que le sucede a Lucy?
V. Helsing	(*Cruza hacia la ventana, mira hacia fuera. Larga pausa antes de hablar.*) A su paciente, ese interesante Renfield, no le gusta el olor del acónito.
Seward	Por el amor de Dios, ¿qué tiene eso que ver con Lucy?
V. Helsing	Puede que nada.

Harker   En el nombre de Dios, profesor, ¿insinúa que hay algo antinatural u oculto en este asunto?

Seward   ¿Oculto? ¡Van Helsing! No estará usted pensando... Oh...

V. Helsing   Ah, Seward, déjeme recordarle que las supersticiones de hoy son los hechos científicos de mañana. Ahora, la ciencia puede transmutar el electrón, la base de toda vida, en energía, y ¿qué es eso sino la desmaterialización de la materia? La desmaterialización ya ha sido conocida y practicada en la India durante siglos. Yo mismo he visto este tipo de cosas en Java.

Seward   Mi querido amigo, no me creo que usted haya embotado su fino y viejo cerebro con siniestros destilados prohibidos, fermentados en las oscuras bibliotecas de la India.

V. Helsing   ¿Destilados prohibidos?

Seward   En cualquier caso, ¿qué pasa con mi hija?

V. Helsing   ¡Ah! Seward, si no está dispuesto a escuchar aquello que puede ser más difícil de aceptar que la siniestra sabiduría prohibida de las bibliotecas orientales, si no es capaz de dejar a un lado sus libros de texto, en ese caso, le ruego que, al menos, mantenga la mente abierta. El precio de su testarudez podría ser la vida de su hija.

Harker   ¡Continúe, continúe, profesor!

Seward   Hable, Van Helsing. Ya sabe que tiene mi confianza.

V. Helsing   Entonces tengo que pedirles que tengan paciencia y escuchen con calma lo que voy a decir. Siéntense. (*Cruza hacia la ventana, cierra las cortinas.* **Seward** *y* **Harker** *intercambian miradas, luego miran los dos a* **Van Helsing** *mientras se sientan.*) ¿Han oído hablar ustedes sobre las leyendas de Europa Central, sobre el hombre lobo y los vampiros?

Seward   ¿Se refiere a licántropos y a esos fantasmas que chupan la sangre para sobrevivir?

V. Helsing   Si quiere llamarlos fantasmas... Yo los llamo muertos vivientes.

Harker   (*Rápido.*) Por el amor de Dios, hombre, está usted sugiriendo que Mina, y ahora Lucy...

Seward   (*Interrumpiendo.*) Por supuesto, he leído esas horribles historias populares de la Edad Media, Van Helsing, pero le conozco demasiado bien para suponer...

V. Helsing   (*Interrumpiendo.*) ¿Que creo en ellas? Creo en ellas.

Seward   (*Incrédulo.*) ¿Quiere decir que usted piensa que los vampiros de verdad existen y... y que Mina y Lucy han sido atacadas por uno?

V. Helsing   Sus doctores ingleses se reirían ante esta teoría. Su policía, su público se reiría. (*Gravemente.*) La fuerza del vampiro reside en que la gente no cree en su existencia.

Seward   (*Negando con la cabeza.*) ¿Es esta la ayuda que nos brinda?

V. Helsing   (*Muy conmovido.*) No la desprecie. (*Silencio.*) Los vampiros son extraordinarios. La Naturaleza los aborrece, las fuerzas del Bien se alían para destruirlos, pero aun así, algunas de esas criaturas han vivido durante siglos.

Harker   (*Nervioso.*) ¿Qué es un vampiro?

V. Helsing   Un vampiro, amigo mío, es un hombre que está muerto y todavía no lo está. Una criatura que sobrevive después de su muerte bebiendo la sangre de los vivos. Bebe sangre o la muerte le alcanza. Su poder dura solo desde la puesta de sol hasta el amanecer. Durante el día tiene que descansar en la tierra en la que fue enterrado. Pero, durante la noche, tiene el poder de alimentarse de los vivos. (*Movimientos de incredulidad de* **Seward**.) Amigo mío, ¿está pensando en incluirme entre sus pacientes?

Seward   Van Helsing, no sé qué pensar, pero confieso que, simplemente, no le sigo.

Harker   (*A* **Seward**.) Doctor, este caso ha dejado sin respuesta a todos sus especialistas. (*A* **Van**

Helsing.) ¿Qué le hace pensar que Lucy ha sido atacada por una criatura así?

V. Helsing (*Dominándoles, a partir de ahora.*) La descripción del doctor Seward de sus síntomas despertó mis sospechas. ¿Anemia? A la señorita Mina se le introdujo sangre de tres personas en las venas y murió a causa de la pérdida de sangre. ¿A dónde fue esa sangre? ¿Tienen sus especialistas alguna respuesta? El vampiro ataca en el cuello. Deja dos pequeñas marcas, blancas con el centro rojo. Seward, usted me escribió hablándome sobre esas dos marcas en el cuello de la señorita Mina. Un accidente con un alfiler, me dijo. Así que sospeché, pero no sabía nada, y vine al instante, ¿y qué me encuentro? Las mismas heridas en el cuello de la señorita Lucy. ¿Otro alfiler, doctor Seward?

Seward ¿Quiere decir que ha deducido toda esa pesadilla por un alfiler? Es cierto que no sé por qué ella nos ocultó las marcas, pero...

V. Helsing (*Interrumpiéndole.*) Yo podría responderle a eso.

Seward (*Pausa.*) No puedo creerlo. Por supuesto que el problema de Lucy no puede ser ese. ¡Es una locura!

Harker Yo sí le creo. Esta teoría explica todos los factores que nadie ha sido capaz de aclarar. Nos la llevaremos fuera del alcance de esa cosa.

V. Helsing Ella no querrá irse.

Seward ¡¿Qué?!

V. Helsing Si la obliga, la conmoción puede ser fatal.

Harker Pero ¿por qué no se iría si le decimos que su vida depende de ello?

V. Helsing Porque la víctima del vampiro se convierte en su discípula, su cómplice dispuesta, unida a él en vida y aún después de la muerte.

Seward (*Incrédulo, consternado, se levanta.*) Profesor, ¡esto es demasiado!

Harker ¿Insinúa que Lucy se va a convertir en algo impuro, un demonio?

V. Helsing Sí, Harker. ¿Ahora me ayudará?

Harker Sí, lo que sea necesario. Dígame qué hacer.

V. Helsing Es un trabajo peligroso. Nuestras vidas están en juego, pero también la vida de Lucy, y, más importante aún, su alma. Debemos acabar con ese monstruo.

Harker ¿Cómo podríamos hacer tal cosa?

V. Helsing Este muerto viviente yace indefenso durante el día en la tumba rodeado de su tierra natal.

Seward   ¿Un cadáver, en un ataúd?

V. Helsing   Un cadáver, si lo quiere, pero un cadáver viviente, mantenido por la sangre de los vivos. Si podemos encontrar su lugar de descanso, una estaca clavada en el corazón destruiría al vampiro. Esa es nuestra tarea. En este caso, la policía, todas las fuerzas de la sociedad, son tan inútiles como los doctores. ¿Qué barrotes o cadenas pueden apresar a una criatura que puede transformarse a voluntad en niebla, lobo o murciélago?

Harker   ¡Un lobo! ¡Doctor Seward, esos perros aullando! Le dije que en Rusia aullaban así cuando había lobos merodeando. ¡Lucy habló de una niebla de olor fétido que invadió su dormitorio, mientras ella se quedaba dormida! Y un murciélago... Renfield dijo que había un murciélago.

Seward   Bueno, ¿y qué?

V. Helsing   (*Reflexivo.*) A su amigo Renfield no le gusta el olor del acónito.

Seward   ¿Pero qué tiene que ver su acónito con todo esto?

Harker   ¿Sospecha de ese lunático?

V. Helsing   Sospecho de todos y de nadie... Dígame, ¿quién es ese conde Drácula?

Seward   ¿Drácula? Sabemos poco sobre él.

Harker	Cuando estaba en Transilvania, escuché hablar sobre el castillo de Drácula. El famoso vaivoda Drácula que luchó contra los turcos vivió allí siglos atrás.
V. Helsing	Haré algunas indagaciones por telégrafo. No, pero después de todo, este ser tiene que ser inglés. O, por lo menos, haber muerto aquí. Su guarida tiene que estar lo suficientemente cerca de esta casa como para que pueda regresar antes del amanecer. (*A* **Seward**.) Oh, amigo mío, solo tengo mis viejas creencias para luchar contra este monstruo que tiene la fuerza de veinte hombres y puede que sabiduría y astucia acumuladas durante siglos.
Harker	Todo esto parece una pesadilla. Pero estoy con usted, profesor.
V. Helsing	¿Y usted, doctor Seward?
Seward	Lo que ustedes afirman me parece absurdo. Pero todo lo demás ha fallado. Desde ahora, el caso está en sus manos.
V. Helsing	(*Severo.*) Necesito aliados, no neutrales.
Seward	Muy bien, entonces, haga lo que considere. Apoyaré cualquier decisión que tome.
V. Helsing	Bien. Entonces traiga a su hija.
Seward	¿Qué va a hacer?

V. Helsing	Tender una trampa. La señorita Lucy será el cebo.
Harker	¡Por Dios, no podemos dejarle hacer eso!
V. Helsing	No hay otra manera. Creo que este ser sabe que planeo proteger a Lucy. Esto lo pondrá en guardia, y el primer momento en el que esté sola, no dudará en intentar llegar hasta ella, porque un vampiro debe tener sangre o su vida en muerte cesa.
Harker	¡No! Le prohíbo...
Seward	(*Interrumpiendo.*) Es mi hija, y yo consiento. Le demostraremos al profesor que se equivoca.
Harker	Usted lo permite solo porque no cree, pero yo creo. Dios mío, doctor, he escuchado esa risa lunática... Un devorador de vida, ha dicho, y va a someter a Lucy a ese riesgo.
V. Helsing	(*Interrumpiendo bruscamente.*) ¡Debo ser el líder de esta misión sagrada por el alma de la señorita Lucy o no podré hacer nada! Tengo que saber en qué forma se presenta ese ser antes de que pueda planear cómo aniquilarlo. Traiga a su hija o pida un coche que me devuelva a la estación.

(**Seward** *se gira y ve a* **Harker** *mirándole. Hay una pequeña pausa y* **Harker** *hace mutis a regañadientes.* **Seward** *le sigue.* **Van Helsing** *reflexiona un momento, luego comprueba la posición* *de las puertas, mobiliario, etc. Apaga las luces. La habitación está a oscuras, excepto por la luz del fuego.* **Van Helsing** *se mueve hacia el fuego, mira hacia el diván, luego avanza hacia la puerta y se gira, mirando el diván, satisfecho al comprobar que la luz del fuego es suficiente para ver cualquier cosa que suceda en el diván. Abre las cortinas. De repente, las puertas se abren rápidamente y* **Van Helsing** *se sobresalta;* **Butterworth** *sale a escena.*)

Butt.   Le pido disculpas, señor. ¿Está el doctor Seward aquí?

V. Helsing   ¿Qué desea de él?

Butt.   El cazador de moscas se ha vuelto a escapar.

V. Helsing   ¿Escapado? ¿Cómo?

Butt.   Por la ventana. La puerta todavía está cerrada y yo he estado todo el rato en el pasillo. Son treinta pies hasta el suelo de piedra. Es como una ardilla voladora loca.

V. Helsing   (*Autoritario.*) No le diga nada al doctor Seward de momento. Nada, ¿lo oye? Ahora, váyase.

(**Butterworth** *hace mutis.* **Van Helsing** *vuelve a encender las luces. Sale a escena* **Lucy***, ayudada por* **Harker** *y* **Seward***.*)

Lucy   ¡Oh, oh!

Seward	Lucy, no tienes nada que temer.
	(*La conducen hasta el diván.*)
V. Helsing	Quiero que se tumbe aquí, querida.
Lucy	Pero, doctor...
V. Helsing	Confía en mí, ¿verdad? (*Ella le sonríe débilmente, asiente. La colocan en el diván.*) Deseo que se quede aquí tumbada unos instantes.
Lucy	Pero... estoy tan asustada... ¡Sé que algo horrible va a suceder!
V. Helsing	Relaje su mente, Lucy. Intente no pensar. Duérmase si le es posible.
Lucy	No me atrevo a dormir. Es cuando duermo...
	(**Harker** *le coge la mano.*)
V. Helsing	(*Colocándola en el diván, suavemente.*) Lo sé, querida. Lo sé. Voy a curarla, con la ayuda de Dios.
Lucy	Oh, pero, padre...
Seward	Tienes que hacer lo que diga el profesor.
V. Helsing	Venga con nosotros, Harker.
	(**Van Helsing** *guía a* **Seward** *hacia la puerta.* **Seward** *hace mutis.* **Harker** *se queda y* **Van**

Helsing *le llama.* **Van Helsing** *apaga las luces mientras él y* **Harker** *hacen mutis. No hay movimiento.* **Lucy** *cierra los ojos. Se escucha un aullido grave fuera... el aullido de un lobo. Es seguido por el aullido de los perros. La luz del fuego se atenúa. Aparece la mano de* **Drácula** *detrás del sofá, después, su rostro.* **Lucy** *grita, se desvanece.)*

Harker   ¡Lucy! ¡Lucy!

Seward   ¡Profesor, ¿qué ocurre?!

(**Van Helsing** *sale a escena, seguido de* **Seward** *y* **Harker**. **Van Helsing** *enciende las luces. Están justo delante de la puerta cuando un murciélago vuela en la habitación desde la ventana hacia el centro. Luego sale por la ventana.)*

V. Helsing   ¿Lo han visto?

Seward   Dios, ¿qué era eso?

Harker   ¡Lucy, Lucy, háblame!

V. Helsing   ¡Llévela a su habitación, Harker! ¡Rápido! Y no la deje a solas ni un solo instante.

(**Harker** *carga con* **Lucy** *a través de la puerta cuando* **Drácula** *sale a escena. Observa alrededor, su mirada se fija en todos.)*

Drácula   (*Suave, compasivo.*) Espero que la paciente no haya empeorado.

(*Se escucha una risa salvaje de* **Renfield** *fuera de escena. Cae el...*)

Telón.

Tocador de Lucy, contiguo a su dormitorio. La ventana está a la derecha, cerrada, pero con las cortinas abiertas. Hay sillas y una mesita con artículos de tocador cerca de la ventana. Un sofá contra la pared de la izquierda. Un espejo en la pared. Cerca del sofá, un pequeño soporte con un jarrón con flores. Una puerta, a la derecha, hacia el dormitorio, y otra puerta, a la izquierda, hacia la entrada. Un arco a la izquierda. Es la tarde siguiente. Los perros aúllan. Una cortina se abre y **Wells** *entra desde el dormitorio, echa un vistazo a la ventana, camina un poco, mira hacia atrás, va hacia el sofá y coge el periódico. Se sienta en el sofá y lo lee. Cuando pasa una página,* **Butterworth** *llama a la puerta principal.*

Wells   (*Se sobresalta.*) ¿Quién es?

Butt.   (*Entra, sonríe.*) Disculpe, señorita. ¿Ha visto por casualidad al loco? Se ha vuelto a escapar.

Wells   ¿Y por qué tendría que estar aquí? No va a poder mantener este trabajo si no es capaz de mantener a ese hombre seguro. Se le escapa todas las noches.

(*Cruza hacia la puerta del dormitorio.*)

Butt.   No se vaya.

Wells   La señorita Lucy me ha pedido el periódico de la tarde. (**Wells** *sonríe y hace mutis.* **Butterworth** *mira a través de la ventana y luego, debajo del sofá.* **Wells** *regresa. Se acerca mucho a* **Butterworth***, haciendo que se sobresalte.*) Y bien, ¿le ha encontrado?

Butt.   No. (*Confidencial.*) Y le diré, señorita, que este trabajo me está destrozando los nervios.

Wells   ¿Sus nervios? ¿Y qué pasa con mis nervios? ¿No es suficiente tener perros aullando todas las noches y condes extranjeros subiendo hasta aquí, y la señorita Lucy sufriendo como lo hace, con todo el mundo exprimiéndose las venas para obtener sangre para ella, y ese Sherlock Holmes holandés, con esa mirada de rayos X, sin que, encima, usted tenga que perder a ese tal Renfield?

Butt.   No le he perdido... Solo escuché un sonido, un lobo aullando, tal vez, abrí la puerta con mi llave y, de repente, vi sus piernas saliendo por la ventana. No pensé que fuera capaz de bajar por esa pared tan lisa. No es humano, no lo es.

Wells   ¿Bajar por la pared?

Butt.   (*Sombrío.*) No espero que nadie me crea, pero lo he visto, y aún más, conseguí agarrar uno de sus pies.

Wells   (*Riendo, escéptica.*) ¿Bajando, con la cabeza por delante, como un murciélago?

Butt.   Qué extraño que mencione los murciélagos, pues justo cuando me di cuenta, un gran murciélago entró a través de la ventana y me golpeó en la cara.

Wells   (*Misteriosa.*) Yo sé de dónde viene ese murciélago.

Butt.   (*Sorprendido.*) ¿Lo sabe? ¿De dónde?

Wells   Del campanario.

(*Va hacia el sofá y arregla los cojines, luego va al vestidor.*)

Butt.   No, señorita, le estoy diciendo la verdad, en el nombre de Dios le juro que me atacó el murciélago como le dije y el loco se ha escapado pared abajo, como si fuese una de esas malditas arañas que come. (*Ante la mirada de ella.*) Le escuché reír, señorita Wells, vaya risa. Me las veré con el jefe por esto.

Wells   Si le cuenta estas historias al doctor Seward, le encerrarán con los locos.

Butt.   Eso es justo lo que he estado pensando, y, por eso, no me atrevo a contarle las demás cosas que he visto u oído hacer a ese señor Renfield.

Wells   (*Irónica.*) No le haría daño ni a una mosca, ¿verdad?

Butt.   ¿A una mosca? Oh, no, él no. Solo se las come. Preferiría comerse un puñado de moscardones antes que una libra del mejor bistec, y lo que les hace a las arañas es un crimen.

Wells   Me da la impresión de que alguien vendrá a por usted en cualquier momento, a por usted y sus arañas.

Butt.   Se lo estoy diciendo. Éste es un lugar extraño. (*Mirando por la ventana.*) Vaya caída hay hasta el suelo. (*Se gira hacia ella.*) No le teme a los ladrones, ¿verdad? No hay forma de llegar hasta aquí, a menos que vuelen... ¿No se siente a veces un poco sola, ahí fuera... (*Señala hacia la ventana.*) ...en sus noches libres?

Wells   Un poco, últimamente. (*Mira a través de la ventana.*) Nunca antes me había dado cuenta de que los árboles tenían esas sombras.

Butt.   Bueno... si necesita un acompañante...

Wells   No pienso caminar junto a usted con su uniforme. La gente me tomaría por uno de sus lunáticos.

Butt.   (*La rodea con el brazo.*) De paisano, entonces. Mañana por la noche.

Wells   No pierde mucho el tiempo, ¿verdad?

Butt.   Me ha llamado la atención.

Wells   Mejor mantenga la atención en su lunático, o pronto tendrá que buscar otro trabajo. (**Butterworth** *intenta besarla. Ella le aparta de un empujón y le da una bofetada.*) Aquí tiene. Se acabó. El doctor llegará en cualquier momento. (*Hace un gesto hacia la puerta.*) Vaya a buscar a su loco.

Butt.   Tengo aquí algo que le atraerá de nuevo a su habitación.

Wells   ¿Por qué? ¿De qué se trata?

          (**Butterworth** *revuelve en su bolsillo.* **Wells** *se acerca a él.*)

Butt.   (*Saca un ratón blanco de su bolsillo por la cola, lo sujeta delante de la cara de ella.*) Esto de aquí.

Wells   (*Grita, se sube a lo alto de una silla y se remanga la falda.*) ¡Sáquelo de aquí! ¡Sáquelo de aquí!

Butt.   (*El ratón trepa por su brazo hasta su hombro. Al ratón.*) Vamos, Cuthbert. No somos demasiado bienvenidos por aquí. (*Ofendido, hace mutis por la izquierda con dignidad, enfatizando* *desde la puerta.*) Algunas personas no tienen sentido del humor.

Seward (*Sale a escena apresuradamente desde el dormitorio.*) ¿Qué ha sido eso?

Wells (*Se baja la falda.*) Disculpe, señor. Me asustó con ese... ese animal.

Seward (*Agitado.*) ¿Animal? ¿Qué animal?

Wells Un ratón blanco, señor.

Seward (*Aliviado.*) No debes gritar. No en esta casa. No en estos momentos.

Wells Lo siento, señor, pero esa pequeña bestia desagradable...

Seward Has alarmado a la señorita Lucy. Está disgustada por algo que ha leído en el periódico.

Wells Oh, ¿se refiere a ese horror de Hampstead, señor? La mujer de blanco que le da chocolate a los niños pequeños...

Seward (*Interrumpiendo, impaciente.*) Eso no importa. No quiero que se moleste a la señorita Lucy.

(**Seward** *regresa al dormitorio. Los perros aúllan. Las luces se apagan.* **Wells** *grita. Una luz verde ilumina a* **Drácula***, de pie en el centro de la habitación.* **Wells** *vuelve a gritar y le ve.*)

Drácula   (*Tierno.*) Discúlpeme. Mis pasos no son muy pesados, y sus alfombras son suaves.

Wells   Está bien, señor... pero ¿cómo ha entrado?

Drácula   (*Sonriendo.*) La puerta estaba entornada, así que no llamé. ¿Cómo se encuentra la señorita Lucy? ¿Continúa su postración nerviosa?

Wells   Creo que está mejor, señor.

Drácula   Ah, bien. Pero observo con preocupación que la tensión de la enfermedad de Lucy ha hecho que usted también enferme.

Wells   ¿Cómo lo sabe, señor? Solo es un dolor de cabeza. Me baja hasta el cuello, pero no creo que sea nada más que cansancio.

Drácula   (*Triunfal.*) Yo puedo ayudarla con el dolor.

Wells   No le entiendo, señor.

Drácula   Tales dolores ceden fácilmente ante la sugestión.

Wells   (*Levanta el brazo un poco para cubrirse.*) Discúlpeme, señor, pero si se refiere al hipnotismo, prefiero mantener el dolor.

Drácula   Ah, usted concibe el hipnotismo como un feo movimiento de brazos y mucho aspaviento. Ese no es mi método. (*Mientras habla, gesticula con calma con su mano izquierda y ella le mira* *fijamente, fascinada. Poniendo su pulgar izquierdo sobre la frente de ella, la mira fijamente a los ojos. Ella realiza un débil esfuerzo por liberarse de su mano, pero luego se mantiene inmóvil. Ahora, él habla fríamente, imperativo, gira la cara hacia el frente antes de hablar.*) Lo que se regala puede arrebatarse. A partir de ahora, no tendrá dolor. Tampoco poseerá voluntad propia. ¿Me escucha?

Wells   (*Murmura.*) Le escucho.

Drácula   Cuando despierte, no recordará lo que le he dicho. El doctor Seward le ha ordenado hoy que duerma con la señorita en la misma cama debido a sus pesadillas. ¿Es cierto?

Wells   (*Murmurando.*) Sí, señor.

Drácula   La señorita está en peligro a causa del horror y la muerte, pero yo la salvaré. Un hombre cuya voluntad es contraria a la mía ha venido a esta casa. Lo aplastaré. Cumpla mis órdenes. ¿Me escucha?

Wells   Sí, señor.

Drácula   Escuche y obedezca. A partir de ahora llevará a cabo al instante cualquier sugerencia que le llegue de mí sin cuestionarla. Cualquiera de mis deseos se cumplirá sin demora. Mi llamada le llegará pronto.

(*La luz verde se desvanece lentamente.* **Drácula** *hace mutis por la ventana. Las luces se encienden. Los perros aúllan fuera.* **Wells** *mira hacia la ventana cuando* **Van Helsing** *sale a escena por la izquierda. Ella se sobresalta.*)

V. Helsing (*Su rostro está pálido. Se le ve ojeroso y débil. Lleva una caja atada con cuerdas.*) ¿No habrá dejado a la señorita sola?

Wells (*Se balancea.*) El doctor Seward está con ella, señor.

V. Helsing (*Observándola con atención.*) ¿Qué le sucede, querida?

Wells Nada, señor.

V. Helsing Acaba de padecer una conmoción severa.

Wells No es nada, señor. Yo... de repente me siento extraña. (*Mira hacia la ventana.*) Eso es todo. No logro recordar nada.

V. Helsing El señor Harker acaba de llegar. Pídale al doctor Seward que venga y quédese con la señorita Lucy.

Wells Sí, señor. Está terriblemente disgustada.

V. Helsing ¿Disgustada por qué?

Wells   Algo que ha leído en el periódico, señor. Sobre el horror de Hampstead. (**Van Helsing** *le hace un gesto para que guarde silencio.*) Sí, señor.

V. Helsing   (*Temblando.*) ¡Maldita sea, no debería haberlo visto!

(**Wells** *va hacia la habitación.* **Harker** *sale a escena por la izquierda.*)

Harker   (*Preocupado.*) ¿Sigue todo igual? (**Van Helsing** *asiente con la cabeza,* **Harker** *cierra la puerta.*) Cuando abandono esta casa, incluso durante algunas horas, temo lo que... temo lo que encontraré cuando regrese.

V. Helsing   Y bien que hace, amigo mío.

(*Deposita la caja sobre la mesa debajo del espejo.*)

Harker   Dios le ha enviado para ayudarla. Sin usted, no habría esperanza. Esta mañana, profesor, cuando se ha abierto las venas para revivir a Lucy de nuevo a través de su sangre...

V. Helsing   Es lo mínimo que puedo hacer... La falta de previsión ha sido la responsable de este ataque.

Harker   No diga eso.

V. Helsing   Su criada durmió con ella... y aun así encontramos el acónito tirado en el suelo.

Harker	Estaba tan débil, tan pálida, con esas dos pequeñas heridas frescas de nuevo...
V. Helsing	(*Con un gesto hacia la caja.*) He preparado una defensa más fuerte. Pero nuestra mayor tarea no es la defensa, sino el ataque. ¿Qué ha encontrado en Londres?
Harker	Mucho, pero solo el cielo sabe lo que significa o si es de alguna utilidad.
V. Helsing	Yo también he tenido noticias.
Seward	(*Sale a escena.*) Ah, John, ha regresado de la ciudad.
Harker	(*Sentándose.*) Sí.
V. Helsing	Debemos intentar poner en común lo que hemos averiguado hoy. (*Leyendo un telegrama de varias hojas.*) Mi colega de Bucarest me ha informado de que la familia Drácula se extinguió... hace quinientos años.
Seward	¿Podría el conde ser un impostor?
V. Helsing	(*Refiriéndose al telegrama.*) El castillo al que llama su propiedad no es más que una ruina desolada cerca de la frontera. Fue construido, como usted dijo, Harker, por el terrible vaivoda Drácula, del que se decía que tenía trato con espíritus malignos. Era el último de su linaje. Pero durante muchas generaciones, los

campesinos han creído que el castillo de Drácula estaba habitado por un vampiro.

Harker   Entonces tiene que ser él...

V. Helsing   (*Sacude la cabeza, vuelve a guardarse el telegrama en el bolsillo.*) Amigos míos, me siento desconcertado.

Seward   Pero esto confirma sus sospechas. Yo era escéptico hasta que vi a esa criatura jadeando encima de Lucy...

V. Helsing   Un vampiro de Transilvania no puede estar en Inglaterra.

Seward   Pero ¿por qué?

V. Helsing   Porque, como le dije, el vampiro debe descansar durante el día en la tierra en la que fue enterrado el cuerpo que habita.

Harker   (*Incorporándose.*) En la tierra.

V. Helsing   El vampiro debe regresar a su tumba al amanecer.

Harker   (*Emocionado.*) Hoy he descubierto que Drácula llegó al aeródromo de Croydon en un avión alemán de tres motores, el seis de marzo.

Seward   ¿El seis de marzo? Tres días antes de que Mina enfermara.

Harker	Ese avión había realizado un vuelo sin paradas desde Sekely, Transilvania. Despegó justo después de la puesta de sol. Aterrizó dos horas antes del amanecer. Solo llevaba al conde y seis cajas.
V. Helsing	¿Averiguó lo que contenían esas cajas?
Harker	Les dijo a los de la aduana que quería comprobar si las plantas de Transilvania podían crecer en un clima extranjero, pero en su tierra de origen.
V. Helsing	¿Tierra? ¡Había tierra en esas cajas!
Harker	Se fue en un camión, con las seis cajas con forma de ataúd, antes del amanecer.
V. Helsing	Oh, Dios, sí, antes del amanecer. El rey de los vampiros, amigos míos. (*Cruza hasta colocarse entre* **Seward** *y* **Harker**.) ¡Esa criatura es el terrible vaivoda Drácula! Con su satánico orgullo y desprecio, incluso usa su propio nombre. ¿Quién habría de sospechar? Durante quinientos años ha estado encadenado a su castillo porque tenía que dormir durante el día en su cementerio. Han pasado cinco siglos. Se ha inventado el avión. Ha llegado su oportunidad, ahora puede cruzar Europa en una sola noche. Ha preparado seis ataúdes rellenos de la tierra en la que debe descansar durante el día. Abandona el castillo después de la puesta de sol. Cuando llega el alba, ya está en Londres, a salvo en uno de sus

ataúdes. Ha corrido un gran riesgo, pero ha triunfado. Ha llegado a Londres, con sus millones de habitantes, con sus oportunidades para la diversión, como él mismo dijo...

Seward   ¡Que Dios proteja a mi Lucy!

Harker   (*A* **Van Helsing**.) He visto al agente inmobiliario al que compró Carfax y he conseguido la dirección de cuatro casas antiguas que tiene alquiladas en diferentes zonas de Londres.

V. Helsing   Guarda un ataúd en cada una de esas casas.

Seward   Dos cajas pesadas se llevaron a Carfax el día después de que la comprara.

V. Helsing   Las ha repartido, por seguridad. Si somos capaces de encontrar las seis, podremos destruirle.

Seward   Pero ¿cómo?

V. Helsing   Su tierra nativa no recibirá su cuerpo si cada caja es santificada con agua bendita.

Harker   En ese caso debemos llegar hasta esas cajas y abrirlas una a una. Si le encontramos, entonces, en el nombre de Dios, profesor, mi mano guiará la estaca hacia su endiablado corazón y enviará su alma al infierno.

V. Helsing   Su plan es demasiado peligroso.

Seward	Pero ¿por qué? Los ataques a Lucy continúan. ¿Vamos a retrasarnos mientras mi niña se está muriendo?
Harker	No, ni un segundo.
V. Helsing	Paciencia, amigos míos. Esta criatura va más allá del ser mortal. Su astucia ha sido cultivada durante siglos. ¿Qué ocurriría si encontramos cinco de esas cajas y las destruimos, pero no podemos encontrar la sexta?
Seward	¿Entonces?
V. Helsing	Entonces se encerrará en su último refugio, donde nunca podamos encontrarle, y reaparecerá cuando menos lo esperemos. El tiempo es el aliado del vampiro. No, amigos míos, solo hay una forma de salvar a Lucy de su sacrílego poder... destruirle.
Seward	Está en lo cierto, como siempre.
V. Helsing	Tenemos una gran ventaja. Durante el día, es un cadáver en un ataúd. No adivinará nada de nuestra búsqueda, si somos cuidadosos y no dejamos rastro.
Harker	¡Por Dios, démonos prisa!
V. Helsing	Debemos registrar todas sus casas y encontrar las seis cajas, sin que él se percate de nuestros planes, y entonces, actuaremos.

Seward	Pero ¿qué pasa con sus sirvientes?
V. Helsing	Las casas estarán vacías. El vampiro juega una mano solitaria.

(*Se escucha una risa maníaca detrás de las cortinas de la ventana.* **Seward** *cruza rápidamente hacia la ventana.*)

Seward	¡Renfield!

(*Agarra a* **Renfield** *por el brazo y le arroja dentro de la habitación.* **Renfield** *se ríe, astuto.*)

V. Helsing	Ha estado aquí durante nuestra conversación.
Seward	¿Ha escuchado lo que hemos dicho?
Renfield	Sí, he escuchado... algo... Lo suficiente, tal vez. (*Con gestos hacia* **Seward** *y* **Harker**.) Guíense por lo que dice. (*Señala a* **Van Helsing**.) Es su única esperanza. ¡Su última esperanza! (*Cruza hacia* **Van Helsing**.) Solo usted puede ayudarme. (*Cae de rodillas delante de* **Van Helsing**.) ¡Salve mi alma! ¡Salve mi alma! Soy débil. Usted es fuerte. Yo estoy loco. Usted, sano. Usted es bueno y él es el demonio.
V. Helsing	Le ayudaré, Renfield, pero debe contarme lo que sabe. Todo.
Renfield	(*Incorporándose.*) ¿Lo que sé? ¿Qué debería saber? Yo no sé nada. Usted dice que estoy loco

y el doctor Seward se lo confirmará. No debe prestar atención a nada de lo que digo.

Seward   No podemos perder tiempo con este tipo. Lo sacaré de aquí.

Renfield   (*A* **Seward**.) ¡Estúpido, estúpido! ¡Y yo que creía que usted era un sabio! El mundo entero ha perdido la cabeza, y si quiere ayuda, deberá acercarse a un loco para lograrla. (*Ligera risa.*) Pero me temo que yo no se la podré prestar. (*Se gira hacia la ventana.*) Un loco sabio obedecería al fuerte, y no al débil.

V. Helsing (*Se acerca a él con fiereza.*) ¿A él? ¿A quién se refiere?

Renfield   ¿Tenemos que decir nombres entre amigos? Venga, profesor, sea razonable. ¿Qué tengo que ganar estando de su lado? El doctor me mantiene callado durante todo el día, y si me porto bien, me da algo de azúcar para mis moscas, pero, por otro lado, (*Señala hacia la ventana.*) si le sirvo a él...

V. Helsing (*Agarrándole de la solapa.*) La sangre es vida, ¿verdad, señor Renfield? (*Le sacude.*) ¿Qué favores le ha prometido el conde Drácula?

Renfield   (*Aterrado.*) ¡Drácula! (*Incorporándose.*) ¡Nunca había escuchado antes ese nombre!

V. Helsing ¡Miente!

Renfield	Los locos, profesor, carecen de la capacidad para distinguir entre lo verdadero y lo falso... (*Se aleja.*) Así que no me tomaré como una ofensa lo que la mayoría de los hombres consideraría una afrenta. (*Cruza hacia* **Seward**.) ¡Sáqueme de aquí! Ya se lo he pedido antes y no lo ha hecho. Si supiera lo que ha ocurrido desde entonces... No me atrevo a contarle más. ¡No me atrevo! Moriré presa del tormento si traiciono...
V. Helsing	El doctor Seward solo le sacará de aquí si accede a hablar con nosotros.
Seward	Le ofrezco la salvación de su alma a cambio de lo que sabe.
	(**Renfield** *gime.*)
Renfield	A Dios no le importa el alma de un pobre lunático. Dios sabe que el demonio es demasiado poderoso para los que tenemos mentes débiles. Pero sáqueme de aquí, se lo ruego... ¡Se lo suplico! Quiero que me lo prometa, doctor Seward.
Seward	Solo si habla.
V. Helsing	Renfield, es su única oportunidad de salvación.
Renfield	(*Pausa. Mira a* **Seward**, **Van Helsing**, **Harker**, *y de nuevo a* **Seward**, *entonces habla como un*

hombre cuerdo.) Que Dios me proteja. Les contaré lo que sé. El conde Drácula es... (*Un murciélago entra por la ventana y sale de nuevo.* **Renfield** *corre hacia la ventana con los brazos estirados, gritando.*) ¡Amo! ¡Amo, no he dicho nada! No les he contado nada. Soy su esclavo.

(**Seward** *y* **Harker** *corren hacia la ventana.*)

Seward   (*Mirando por la ventana.*) ¡El murciélago vuela en círculos! ¡Nos observa! Esperen... ¡Se ha ido!

Harker   ¿Qué es eso, detrás de ese arbusto? ¡Miren! Parece un perro grande gris.

V. Helsing   ¿Está seguro de que era un perro?

Harker   Bueno, podría ser un lobo, pero eso no tiene sentido. Nuestros nervios nos están jugando una mala pasada.

V. Helsing   ¡Venga aquí, Renfield! ¿Qué estaba a punto de decir?

Renfield   Nada, nada.

(**Lucy** *sale a escena desde el dormitorio, con el periódico.*)

Lucy   Profesor, ¿ha leído el periódico de hoy?

V. Helsing   Señorita Lucy, le ruego que me lo dé...

Renfield	(*Cruza hacia ella.*) ¿Es usted la señorita Seward?
Lucy	Sí.
	(**Seward** *se acerca a ella, le hace un gesto a* **Harker** *para que toque el timbre.*)
Renfield	Entonces, en nombre de Dios todopoderoso, ¡abandone este lugar de una vez!
	(*Ella se gira hacia él.* **Van Helsing** *hace un gesto para que guarden silencio.*)
Lucy	Pero este es mi hogar. Nada en el mundo me haría abandonarlo.
Renfield	(*Cuerdo.*) Eso es cierto. No se iría ni aunque intentaran sacarla a rastras, ¿verdad? Es demasiado tarde. ¡Qué estúpido soy! Debería ser castigado por esto, no puedo hacer nada bien. Es demasiado tarde. (*Apenado.*) Es usted tan joven, tan bella, tan pura. Incluso yo tengo sentimientos decentes a veces, y debo decírselo, si no se marcha, su alma pagará el mayor de los precios. Está bajo la influencia de... (*Un murciélago entra nuevamente por la ventana y revolotea alrededor.* **Renfield** *va hacia la ventana y grita.* **Seward** *se mueve alrededor del sofá.* **Harker** *cruza hacia* **Lucy** *para protegerla.*) ¡El amo se acerca!
	(**Renfield** *se arrodilla.* **Butterworth** *aparece en la puerta.*)

Seward   ¡Butterworth!

(**Seward** *ayuda a* **Renfield** *a levantarse, entonces* **Butterworth** *le agarra y le lleva hacia la puerta.*)

Renfield   (*Desde la puerta.*) Adiós, señorita Seward. Ya que no hará caso de mi advertencia, ruego a Dios que nunca vuelva a ver su hermoso rostro.

(*Hace mutis seguido por* **Butterworth**.)

Lucy   ¿Qué ha querido decir con eso, profesor? ¿Qué ha querido decir? ¿Por qué ha dicho eso?

(*Hace mutis hacia el dormitorio, histérica.* **Harker** *la sigue.*)

Seward   ¡Maldito loco aliado del diablo! (*A* **Van Helsing**.) ¿Qué ha podido trastornar de esa manera a Lucy?

V. Helsing Vaya y quítele ese periódico.

Seward   Sea lo que sea, no deja de leer ese artículo una y otra vez.

V. Helsing Quíteselo y regrese aquí.

Seward   No se exceda, Van Helsing. Solo Dios sabe dónde estaríamos si sus fuerzas claudicasen. Después de una transfusión, a su edad, realmente debería estar en la cama. La pérdida de tanta sangre es algo serio.

V. Helsing   Nunca me he sentido más en forma en mi vida.

Seward   Solo le pido que no sobreestime sus fuerzas ahora, cuando dependemos tanto de su fortaleza e inteligencia... (*Mientras hace mutis.*) Mírese al espejo.

                  (**Van Helsing**, *solo, se siente cansado y exhausto, y camina lentamente cruzando la estancia, mirándose en el espejo.* **Drácula**, *sigilosamente, con un traje de noche y una capa, entra por la ventana y camina lentamente hasta colocarse detrás de* **Van Helsing**.)

V. Helsing   (*Mirándose, se toca la cara, agita la cabeza.*) El demonio.

Drácula   No se comporte como un crío, Van Helsing. (*Irónico.*) ¡El demonio! (**Van Helsing** *se gira de repente hacia él y vuelve a mirar al espejo. Suave, frío, irónico.*) No está tan mal.

V. Helsing   (*Mira un buen rato el espejo, luego se gira hacia* **Drácula**. *Controlándose con dificultad.*) No le había oído, conde.

Drácula   Me suelen decir que camino de forma sigilosa.

V. Helsing   Estaba mirando el espejo. Refleja toda la habitación, pero no he podido verle...

                  (*Pausa. Vuelve al espejo.* **Drácula**, *con el rostro convulsionado por la furia, coge un pequeño*

jarrón con flores y lo estrella contra el espejo, rom-
piéndolo en muchos pedazos que se esparcen por
el suelo. **Van Helsing** *da un paso atrás, mira a*
Drácula *con aversión y terror.*)

Drácula   (*Recobrando la compostura.*) Discúlpeme, no
me gustan los espejos. No son más que pútri-
dos juguetes para la vanidad del hombre... ¿Y
cómo se encuentra nuestra paciente hoy?

V. Helsing   (*Con intención.*) El diagnóstico presenta algunas dificultades.

Drácula   Temía que pudiera ocurrir algo así, amigo mío.

V. Helsing   ¿Le importaría ver lo que le he prescrito?

Drácula   Cualquier cosa que usted le prescriba a la señorita Lucy tiene el mayor de los intereses para
mí.

(**Van Helsing** *cruza hacia la mesa para coger la*
caja. **Drácula** *cruza hacia él.* **Van Helsing** *se*
aleja de él deliberadamente, le da la espalda y va
hacia una mesa pequeña a la derecha, se vuelve
a girar hacia **Drácula** *cuando saca una navaja*
y se realiza un corte en el dedo. Con una leve ex-
clamación de dolor, sostiene el dedo hacia arriba,
cubierto de sangre. **Drácula** *le observa, mante-*
niendo el control con dificultad, se gira para no
ver la sangre. **Van Helsing** *le observa un mo-*
mento, luego avanza y le pone el dedo con sangre
delante.)

V. Helsing   La prescripción es una de las más inusuales que he aconsejado en mi vida.

(**Drácula**, *enseñando los dientes, intenta morder el dedo de repente.* **Van Helsing** *retrocede rápidamente, y se ata un pañuelo alrededor.* **Drácula** *recupera la compostura con esfuerzo.*)

Drácula   El corte no es profundo. Lo he... comprobado.

V. Helsing   No, pero servirá. Aquí está mi medicina para la señorita Lucy. (**Drácula** *se acerca a* **Van Helsing**, *quien rápidamente sujeta un puñado de acónito cerca de su cara.* **Drácula** *retrocede, con la cara contraída en un gesto de rabia y auxilio, cubriéndose con la capa. Volviendo a colocar el acónito en la caja.*) ¿No le molesta el olor?

Drácula   Es usted un hombre sabio, profesor... para no haber vivido ni una sola vida.

V. Helsing   Me halaga, conde.

Drácula   Pero no lo suficientemente sabio como para regresar a Holanda, ahora que sabe lo que sabe.

V. Helsing   Prefiero quedarme. (*Con intención.*) Aunque cierto lunático ha intentado asesinarme.

Drácula   (*Sonriendo.*) Los lunáticos son difíciles. No hacen lo que se les dice. Incluso intentan traicionar a sus benefactores. Pero cuando los sirvientes no cumplen las órdenes, el amo debe llevarlas a cabo por sí mismo.

V. Helsing   (*Lúgubre.*) Lo había previsto.

Drácula   (*Mirándole fijamente.*) Durante los últimos quinientos años, profesor, aquellos que se han cruzado en mi camino, han muerto todos, y algunos, de forma violenta. (*Continúa mirando a* **Van Helsing***, levanta el brazo despacio y habla con terrible énfasis y fuerza.*) Venga... aquí. (**Van Helsing** *palidece, tiembla, entonces avanza despacio tres pasos hacia* **Drácula***. Una pequeña pausa mientras* **Van Helsing** *trata de recuperar el control de sí mismo, entonces avanza otro paso hacia* **Drácula***, hace una pausa, se lleva la mano a la frente, entonces recupera el control sobre sí mismo y mira al frente.*) Ah, su voluntad es fuerte. Entonces tendré que acercarme yo. (*Avanza hacia* **Van Helsing***, el cual saca del bolsillo del pecho una pequeña bolsa de terciopelo.* **Drácula** *se detiene.*) ¿Más medicina, profesor?

V. Helsing   Más efectiva que el acónito, conde.

Drácula   ¿Es eso cierto? (*Observa el cuello de* **Van Helsing***. Él sostiene la bolsa cerca de él. El rostro de* **Drácula** *se contrae en un gesto de terror y se aleja hacia la izquierda, mientras* **Van Helsing** *le sigue.*) ¡Obleas santificadas! Es un sacrilegio.

V. Helsing   (*Continúa avanzando.*) Tengo una dispensa.

(**Van Helsing** *le ha cortado el paso hacia la puerta y le presiona para ir hacia la ventana.* **Drácula**, *lívido a causa de la rabia y gruñendo, va hacia la ventana. Cuando* **Drácula** *está fuera, extiende su capa como un murciélago y se ríe con crueldad haciendo mutis.* **Van Helsing**, *al borde del colapso, vuelve a guardar la bolsa en el bolsillo, se santigua y se limpia la frente con el pañuelo. Se escucha un disparo.* **Van Helsing** *se acerca a la ventana. Un murciélago vuela hasta casi golpearle en la cara. Se echa hacia atrás.* **Seward** *sale a escena corriendo, llevando el periódico.*)

Seward (*Dejando el periódico sobre la mesa.*) Dios mío, profesor Van Helsing, ¿qué ha sido eso?

V. Helsing Un disparo de un revólver. Ha sido un alivio. Por lo menos eso es algo humano.

Seward ¿Quién ha roto el espejo?

V. Helsing No importa.

(**Harker** *sale a escena.*)

Harker Disculpe el sobresalto. Vi a ese infernal murciélago y no me pude resistir a disparar.

Seward ¿Le ha alcanzado?

Harker No lo creo.

V. Helsing   No se ha fabricado la bala, amigo mío, que pueda herir a ese murciélago. Mis armas son más efectivas.

Harker   ¿Qué quiere decir?

V. Helsing   Drácula ha estado aquí.

Seward   ¡Dios mío!

Harker   ¿Cómo ha entrado?

V. Helsing   ¿Me está preguntando cómo, el rey de los vampiros, durante las horas de oscuridad, viene y se va como el viento, amigo mío, como le viene en gana? Ha venido a matarme... Pero tengo algo que es más poderoso que él.

Harker   ¿De qué se trata?

V. Helsing   Esperaba un ataque. Me procuré una dispensa del Cardenal. Llevo conmigo... (*Se santigua.*) ...el símbolo sagrado. (**Harker** *se santigua.*) El espejo no reflejaba la imagen de ese hombre, el cual no tiene sombra. Miren, me hice un corte en el dedo, esa cosa saltó hacia la sangre, pero ante la oblea sagrada, salió huyendo.

Seward   Lucy debe saberlo.

V. Helsing   (*Preocupado.*) La señorita Lucy sabe... más de lo que usted piensa.

Harker	¿Cómo puede ser? Si lo supiera, me lo habría dicho.
V. Helsing	Durante sus ataques, ella está cada vez más y más bajo su influencia. Hay un vínculo místico entre ellos. (**Seward** *suspira*.) Entiendo que es difícil de asimilar, pero debe enfrentase a ello. Es posible que él ya pueda saber lo que pasa por su mente. Y no debemos hablarle a la señorita Lucy de los ataúdes con tierra... porque él lo sabría... Todo lo que ella sepa, lo sabrá él al instante.

(**Lucy** *sale a escena*.)

Seward	Pero, profesor, eso significaría que Lucy es cómplice de esta criatura. Y eso es imposible...

(**Lucy** *cruza hacia la mesa, coge el periódico*.)

V. Helsing	No, no, señorita Lucy. No debe hacerlo.
Harker	Lucy, ¿qué hay en el periódico que te ha disgustado tanto?
Lucy	(*Le tiende el periódico*.) Léelo, John.

(**Harker** *coge el periódico, lee.* **Van Helsing** *hace ademán de impedirlo, pero luego lee también*.)

V. Helsing	No, Harker, no.
Lucy	¡Léelo!

(**Lucy** *se sienta en el sofá. Todos escuchan.*)

Harker   (*Leyendo.*) El horror de Hampstead. Se han denunciado hoy varios ataques a niños, cometidos después del anochecer por una misteriosa y preciosa mujer en Hampstead. El relato de tres niñas, todas menores de diez años, coincide en los detalles esenciales. Todas hablan de una hermosa mujer, vestida de blanco, que les dio chocolate, las llevó a una esquina apartada y allí las besó y acarició, mordiéndolas suavemente en el cuello.

(*Mira a* **Seward** *y* **Lucy**.)

Lucy   Continúa.

Harker   (*Leyendo.*) Las heridas son superficiales. Las niñas no han sufrido ningún otro daño y no parecen haber pasado miedo. De hecho, una de las pequeñas le dijo a su madre que esperaba poder volver a ver a aquella preciosa mujer alguna vez.

(*Se gira hacia* **Lucy**. **Seward** *le quita el periódico a* **Harker**.)

V. Helsing   Tan pronto... tan pronto.

(**Harker** *y* **Seward** *se miran.*)

Seward   Lucy, ¿sabes lo que ha estado sucediendo?

(**Lucy** *asiente.*)

Harker   El profesor Van Helsing también lo sabe, Lucy, y sabe cómo protegerte.

Lucy   ¿No es demasiado tarde?

V. Helsing   No, señorita Lucy, no es demasiado tarde.

Seward   Esas pobres niñas inocentes...

V. Helsing   (*A* **Seward**.) ¿Cree que el conde Drácula...?

Lucy   (*Se estremece.*) No mencione ese nombre. Se lo ruego, profesor.

V. Helsing   ¿Cree que la bestia ha sido el causante de esto también?

Seward   Por supuesto, en forma de mujer. ¿Quién si no ha podido ser?

V. Helsing   Es peor. Es mucho peor.

Harker   ¿Peor? ¿Qué quiere decir?

(**Lucy** *está inmóvil, congelada con una mueca de horror en la cara.*)

V. Helsing   La señorita Lucy lo sabe.

Lucy   La mujer de blanco... es Mina.

Harker   ¡Mina! Pero está muerta, Lucy.

Lucy   Se ha unido... al amo.

Seward   (*Deja el periódico sobre la silla.*) ¡Oh, Dios mío, ten piedad de nosotros!

V. Helsing   Mi querida señorita Lucy, no voy a preguntarle cómo lo sabe. Después de esta noche no habrá más niñas que conozcan a la mujer de blanco. Permanecerá descansando... en la tumba donde la enterrasteis. Y su alma, liberada de este horror, estará, al fin, con Dios.

Lucy   ¿Cómo va a hacerlo?

V. Helsing   No me pregunte.

Lucy   (*Coge el brazo de* **Van Helsing**.) Profesor, si puede salvar el alma de Mina después de su muerte, ¿podrá salvar también la mía?

Harker   (*Sentándose en el sofá y rodeándola con el brazo.*) ¡Oh, Lucy!

V. Helsing   (*Le coge la mano.*) Yo la salvaré. En el nombre de Dios, lo juro. Y Él me ha dado una señal... en esta habitación, esta noche.

Lucy   Entonces prométame una cosa. Lo que sea que planea hacer, lo que sea que sepa, no me lo diga. (*Se gira hacia* **Harker**.) Ni siquiera si te suplico que me lo digas. Júrame que no lo harás. Ahora, mientras sigo siendo tuya, mientras soy yo misma, prométemelo.

Harker Te lo prometo.
(*La coge en sus brazos, trata de besarla.*)

Lucy (*Se aparta de él, horrorizada.*) ¡No, no, John! No debes besarme. Prométeme que nunca lo harás, incluso si soy yo quien te lo suplica.

Harker Lo prometo.

V. Helsing A partir de ahora uno de nosotros permanecerá despierto toda la noche, aquí, en esta habitación, cerca de su dormitorio, con la puerta abierta.

Lucy (*Murmurando.*) Es usted tan bueno...

V. Helsing Sí, y haré que la habitación sea segura para usted. Su criada permanecerá siempre a su lado. (**Harker** *le habla a* **Lucy** *en el sofá, mientras* **Van Helsing** *coge un puñado de acónito.*) Doctor, frote esto sobre la ventana en esa pequeña habitación. Mire, así. (*Comienza a frotar el borde de la ventana.*) Frótelo alrededor del cristal y especialmente sobre el tirador. (**Seward** *observa a* **Van Helsing** *frotando, entonces coge el acónito y hace mutis a través del arco.* **Van Helsing** *se vuelve, va hacia la mesa y saca una corona de acónito.*) Mire, he hecho esta corona, que deberá llevar alrededor del cuello esta noche. Mientras la lleve, esos... sueños... no podrán alcanzarla. (*Le cuelga el acónito alrededor del cuello. Saca un pequeño crucifijo con una cuerda, que también le cuelga del cuello.*) Júreme, Lucy, que no se lo quitará.

Lucy   Lo prometo.

V. Helsing Júrelo sobre la cruz.

Lucy   (*Besa la cruz.*) ¡Lo juro!

                (**Van Helsing** *cruza hacia la puerta.*)

Harker   Profesor, seguramente la oblea sagrada sea más poderosa que este acónito.

V. Helsing Por supuesto.

Harker   Entonces déjesela... Nada podrá hacerle daño.

V. Helsing No, la oblea no puede usarse donde ha habido contaminación. (*Gritos a la izquierda.*) ¿Qué es eso?

                (**Butterworth** *sale a escena por la izquierda.* **Wells** *entra desde el dormitorio,* **Seward** *entra por el arco.*)

Butt.   ¡Es Renfield, señor!

Seward   ¿Por qué no le ha encerrado?

Butt.   Porque se ha encerrado él mismo, señor. Ha cogido a una de las pacientes. La tenía agarrada por el cuello.

(*Hace mutis.* **Lucy** *se incorpora.*)

V. Helsing   ¡Sangre humana! (*Observando.*) ¡Venga, Seward! ¡Venga, Harker!

Seward   ¡Debí haberle sacado de aquí!

(**Wells** *cruza hacia* **Lucy**. **Van Helsing** *y* **Seward** *hacen mutis.* **Harker** *duda, entonces les sigue.*)

Lucy   John... (*A* **Wells**.) No me dejes también.

Wells   Por supuesto que no lo haré, señorita Lucy. No es más que una pelea entre los pacientes. El señor Harker volverá pronto. (**Lucy** *se desmaya.* **Wells** *coge sales aromáticas.*) Aquí tiene, señorita Lucy. ¡Señorita Lucy! (*Aparece el rostro de* **Drácula** *sobre el tapiz de la pared del fondo; desaparece después de unos breves instantes.* **Wells** *va hacia la derecha, recibe una orden. Se detiene. Pone la sal de nuevo sobre el aparador; cruza hacia* **Lucy**. *Fuera de sí.*) Estas flores malolientes la han hecho desmayarse, señorita Lucy. (*Coge el crucifijo y la corona de alrededor del cuello de* **Lucy** *y los tira al suelo. Cruza dos pasos hacia la derecha. Recibe otra orden. Se lleva la mano a la cabeza, se vuelve despacio, mira hacia la ventana, camina hacia el sofá.*) Un poco de aire, señorita...

(*Se gira hacia la ventana.* **Lucy** *vuelve a gemir.* **Wells** *retira el pestillo, abre las ventanas. Cuando las ventanas se abren, se cuela en el dormitorio una neblina verduzca.* **Wells** *se aparta de la ventana. Recibe una nueva orden. Apaga las luces, entonces hace mutis. La escena está ahora a oscuras. Los perros aúllan, presos del terror. Una cortina de gasa desciende y una luz verde se enciende cubriendo el sofá y el centro de la escena, mostrando a* **Drácula** *de pie en el centro, de espaldas al público, con los brazos estirados para parecer un gran murciélago. Cuando camina un par de pasos,* **Lucy** *se incorpora lentamente desde el sofá y cae en sus brazos. Un largo beso y después, cuando ella vuelve a caer sobre sus brazos,* **Drácula** *le descubre el cuello y comienza a morderla. Cae el...*)

Telón.

ACTO TERCERO

Escena primera

Biblioteca. Treinta y dos horas más tarde, poco antes del amanecer. Sobre el escritorio hay una estaca y un martillo. Los perros aúllan. Las cortinas se mueven como si alguien estuviera entrando por la ventana. La silla de detrás del escritorio, que está girada hacia atrás, se mueve, quedándose de frente. Después de un momento, **Van Helsing** *sale a escena junto a* **Seward**. **Van Helsing** *camina arriba y abajo.* **Seward** *se sienta en el escritorio. Las puertas centrales están abiertas de par en par.* **Butterworth** *entra.*

V. Helsing   ¿Qué sucede?

Butt.   Cualquiera que quiera mi trabajo, señor, que se lo quede.

(**Seward** *se levanta.*)

Seward   ¿Cuál es el problema ahora, Butterworth?

Butt.   Sé lo que sé, y lo que vi, lo vi, y me largo en el primer tren. Renuncio a lo que se me debe del mes con tal de poder abandonar mi puesto ahora mismo.

V. Helsing   ¿Dónde está Renfield?

Butt.   Si me pregunta, diría que estará de visita en el Infierno.

Seward   ¿Has vuelto a dejarle escapar?

Butt.   Mire, señor, habiendo, por así decirlo, dimitido, no tengo que aguantar nada más de ninguno de ustedes. (*Mira a* **Van Helsing** *y* **Seward**.) Lo que un hombre no puede evitar, no lo puede evitar, y eso es todo.

(**Seward** *se vuelve a hundir en el escritorio, con la cabeza entre las manos.*)

V. Helsing   ¿No se da cuenta de que el doctor Seward no está bien? ¿Va a abandonarle cuando necesita toda la ayuda que pueda conseguir?

Butt.   Viéndolo así, señor, yo no soy el hombre adecuado para afrontar estos momentos de peligro. Estoy harto y cansado de que se me regañe por cosas que no son culpa mía.

V. Helsing   No le culpamos. Ninguna cerradura o rejas podrían contener a Renfield.

Butt.   Ahora, señor, está hablando con sensatez. Esta vez le puse una camisa de fuerza. Ayer estuve durante casi todo el día atornillando los barrotes de las ventanas. Y ahora me encuentro que han sido doblados como si fueran de queso, y él ha huido.

V. Helsing   Intente encontrarle.

Butt.   ¿Encontrarle, señor? ¿Encontrarle? No puedo perseguirle por las paredes. ¡No soy una maldita cabra montesa!

           (*Hace mutis.*)

V. Helsing   Esta cosa se está burlando de nosotros. Unas horas después de descubrir lo que sabemos y de ver lo que hemos hecho, viene y arrastra a esa pobre criatura fuera del hospital.

Seward   (*Desesperanzado.*) ¿Qué puede querer el vampiro de Renfield?

V. Helsing   Renfield está aprendiendo... para unirse al reino de los vampiros después de su muerte. Debemos evitarlo.

Seward   ¿Qué importa Renfield? Si esa criatura nos infecta con su maldición, ni Dios podrá ayudarnos.

V. Helsing   (*Cruza hacia él.*) No desesperemos, Seward.

Seward	¡La desesperación es lo único que le queda a cualquiera que se cruce en el camino de esa criatura!
V. Helsing	Pensé que le teníamos cuando entramos en Carfax y encontramos un ataúd con tierra y luego otro en cada una de sus otras cuatro casas, y cuando levanté la tapa del quinto ataúd, estaba seguro de que le encontraríamos allí, indefenso, por fin.
Seward	(*Amargamente.*) Pero estaba vacío.
V. Helsing	Un ataúd vacío, abandonado.
Seward	Trajo seis en el avión, así que solo puede quedar uno.
V. Helsing	Solo uno, pero escondido donde no podemos encontrarlo. Y ahora le hemos puesto sobre aviso.
	(*La silla vuelve a girarse. Las cortinas se mueven.* **Seward** *mira su reloj de pulsera.*)
Seward	Queda media hora para el amanecer. (*Se levanta y cruza hacia la chimenea.*) El pobre John ha estado con Lucy durante nueve horas. Estará segura cuando amanezca, y él podrá descansar un poco... si es que alguien puede dormir en esta casa.

V. Helsing   Durmamos nosotros o no, le aseguro que la señorita Lucy dormirá al amanecer.

Seward   ¿Otro síntoma de la condena que ese monstruo le ha infligido?

V. Helsing   Ya ha podido observar usted cómo se queda despierta durante toda la noche y luego duerme durante el día.

Seward   ¿Forma eso parte de... del cambio?

V. Helsing   Por supuesto. Igual que esa mirada cargada de fuego y rabia desde la que ahora nos observa.

Seward   (*Aparta la cara con horror.*) No, por favor, en el nombre de Dios, ¡no puedo soportarlo!

V. Helsing   Debemos afrontar los hechos, doctor Seward.

Seward   ¿Cómo ha podido llegar hasta ella con el acónito y el crucifijo alrededor del cuello? (*Pausa.*) ¿Ha sido sugestión?

V. Helsing   Ha debido incitar a la criada a quitarle el acónito y el crucifijo y abrir la ventana. Debí haberlo previsto.

Seward   No se culpe. Ese demonio es más astuto que nosotros. (*Se sienta en el sofá.*) Lucy parece estar mejor. Hasta este último ataque siempre parecía agotada, pero ayer al anochecer, cuando se despertó después de haber dormido durante todo el día...

V. Helsing Había color en sus mejillas de nuevo.

Seward Sí, gracias a Dios.

V. Helsing (*Con énfasis.*) Mi pobre amigo, ¿de dónde cree que viene esa vida?

Seward ¿Qué está sugiriendo?

(*Se abre una puerta a la izquierda. Una mano alargada y huesuda penetra en la habitación.* **Seward** *la ve primero y se sobresalta. Se incorpora.* **Van Helsing** *se gira rápidamente. Se abre la puerta lentamente y* **Renfield** *sale a escena.*)

Renfield ¿No son las cinco y media de la madrugada una hora extraña para que estén despiertos hombres que no están locos?

(*Cruza hacia la ventana.*)

V. Helsing (*Aparte, a* **Seward**.) Puede que este ser medio humano nos ayude. (*A* **Renfield**.) ¡Renfield!

Renfield (*Cruza, con histeria creciente.*) ¡Me busca! ¡Va a matarme!

V. Helsing Ayúdenos, Renfield, y le ayudaremos. Tiene mi palabra.

Renfield Usted, pobre hombre enclenque, ¿está comparando su cerebro con el de él? ¿Su fortaleza con la del amo? ¡No sabe a qué se enfrenta! Ustedes, un holandés testarudo y enfermo, un loquero débil y un joven cachorro no son nada. Ni todos los soldados ni la policía de Londres podrían impedir que el amo haga lo que desea.

V. Helsing ¡Dios puede detenerle!

Renfield. Usted no es Dios, profesor Van Helsing. (*Pausa.*) Dios permite el Mal. ¿Por qué permite el Mal si es Dios y Dios es todo bondad? Dígamelo.

Seward ¿Cómo ha escapado a través de esos barrotes de hierro?

Renfield Los locos tenemos una fuerza descomunal, doctor.

V. Helsing Vamos, Renfield, sabemos que no dobló los barrotes usted solo.

Renfield (*Cuerdo.*) No, no lo hice. Yo esperaba que esos barrotes resistiesen. Esperaba que eso le mantuviera alejado. Lo hicieron, pero entonces me llamó y tuve que acudir. (*De vuelta a la locura.*) El amo está enfadado. Me prometió la vida eterna y seres vivos, seres vivos, pero grandes, no moscas ni arañas, y sangre para beber, siempre sangre. Debo obedecerle, pero no quiero ser como él... Estoy loco, lo sé, y soy malo. He tomado vidas, pero eran solo vidas pequeñas. Yo no soy como él. No me gustaría llevarme una vida humana.

Lucy   (*Fuera de escena.*) ¡Oh, John!

(**Lucy** *sale a escena con* **Harker**. *Ha cambiado; hay vida en sus mejillas, se la ve más fuerte y parece llena de vitalidad. Ella y* **Harker** *se detienen a causa de la sorpresa de ver allí a* **Renfield**.)

Renfield   (*A* **Lucy**.) ¿Y por qué traté de traicionarle? Por usted. (*Ella sonríe.*) Dije que servía al demonio, pero no le serví de forma honesta. No me gustan las mujeres sin sangre. (**Lucy** *se ríe.*) Y la avisé y le hice enfadar, y ahora... (*Con frenesí.*) ...puede que me mate. (**Lucy** *se ríe.*) Y no obtendré más ricos seres vivos para comer. No habrá más sangre.

(**Renfield** *mira fijamente el cuello de* **Lucy**. **Harker** *le sujeta el brazo derecho,* **Van Helsing** *el brazo izquierdo, entonces* **Seward** *se acerca y ocupa el sitio de* **Harker** *cuando* **Renfield** *lucha violentamente.* **Seward** *y* **Van Helsing** *le sacan, luchando y gritando.*)

Harker   Lucy, querida, no hagas caso a esa pobre criatura loca.

Lucy   (*Con una risita.*) No lo hago. Me divierte.

(*Ella cruza hacia el diván y se sienta.*)

Harker   Oh, Lucy, ¿cómo puedes? ¡El pobre demonio! Gracias a Dios pronto amanecerá.

Lucy   Amanecer. La marea baja de la vida. Odio el amanecer. ¿Cómo le puede gustar la luz del día a la gente? Por la noche estoy realmente viva. La noche se hizo para disfrutar de la vida, y amar... Ven conmigo, John, mi John.

(*Él se acerca y se sienta a su lado.*)

Harker   Lucy, estoy tan contento de que estés mejor y con más fuerza...

Lucy   Nunca me he sentido tan bien... Tan llena de vitalidad. No era más que una pobre, pálida y descolorida niña. No sé qué te hizo amarme, John. No había ninguna razón para ello. Pero ahora sí la hay.

Harker   Yo te adoro.

Lucy   Entonces, dime una cosa, John. Si me amas, me dirás... (**Harker** *le da la espalda lentamente.*) No vuelvas a darme la espalda.

Harker   (*Con cansancio y triste.*) Me hiciste prometer que no te diría... nada.

Lucy   Oh, pero te libero de tu promesa. ¿Qué habéis estado haciendo todo el día mi padre, ese gracioso profesor y tú?

Harker   No puedo decírtelo. Lo prometí.

Lucy   (*Enfadada.*) Dices que me quieres, pero no confías en mí.

Harker   Daría mi vida por ti, alma mía.

Lucy   Entonces, demuéstralo. ¿Qué habéis estado haciendo... en Carfax? Con ese martillo y esa horrible estaca. (*Él niega con la cabeza. Ella se enfada. Él se cubre la cara con las manos, como si quisiera llorar.*) No creerás que te estoy preguntando porque... Solo estoy intentando averiguar si de verdad me amas. (**Harker** *se aparta de ella, con la cara levantada.*) Así que tratas de ocultar vuestros planes... Tienes miedo de que el conde los eche a perder, ¿verdad? Estúpidos. Cualquier cosa que él quiera saber, la descubrirá por sí mismo. Sabe lo que hacéis. Sabe lo que pensáis. Lo sabe todo.

Harker   ¡Lucy!

(*Él apoya la cabeza en su regazo y solloza. Ella hace un movimiento de garras con sus manos, pero cuando él apoya la cabeza cambia de actitud y le acaricia la cabeza con ternura.*)

Lucy   Amor mío, lo siento. Deja que bese tus lágrimas.

(*Ella empieza a besarle. Él se incorpora, retrocediendo algunos pasos.*)

Harker   ¡No, no debes besarme! Me hiciste prometer que no te dejaría besarme.

Lucy   No sabes por qué dije eso, querido. Es porque te quiero muchísimo. Tenía miedo de lo que pudiera pasar. Siempre has pensado que soy fría, pero tengo sangre en las venas, sangre caliente, mi amor. Y sabía que si te besaba... Pero ya no tengo miedo. Ven. ¿Me vas a hacer decirlo?

Harker   Lucy, no te entiendo.

Lucy   (*Se mueve alrededor de él.*) Te amo. Te deseo. (*Estira sus brazos hacia él.*) Ven a mí, mi amor. Te deseo.

Harker   (*Va hacia ella, su resistencia se vence, debido a su ardor.*) ¡Lucy, Lucy!

(*La toma en sus brazos. Lentamente, ella coge su cabeza y la echa hacia atrás. Despacio, triunfal, agacha la cabeza, y su boca se cierne sobre la de él. Los perros aúllan fuera. Ella echa su cabeza hacia atrás. Su boca busca el cuello de* **Harker**. *Las puertas centrales se abren.* **Van Helsing** *sale a escena corriendo, sujetando un crucifijo.*)

V. Helsing   ¡Harker! ¡Harker, apártese de ella! ¡Nosferatu! ¡Vampiro! ¡Apártese! (**Harker** *se incorpora, se zafa. Con un brazo estirado,* **Van Helsing** *sujeta el crucifijo entre ellos. El rostro de* **Lucy** *se crispa en un gesto de rabia. Gruñe como un animal y se aparta, desmayándose sobre el diván.*

Van Helsing *la sigue, le toca la frente con la mano izquierda.*) Le avisé, mi pobre amigo, de que esto sucedería. (*Se pone de rodillas junto a* **Lucy.** *Ella se despierta lentamente, mira a su alrededor, ve la cruz y la agarra, y la besa con pasión. Con fervor.*) ¡Gracias a Dios! ¡Gracias a Dios!

(*Pausa.* **Harker** *cruza hacia el diván.*)

Lucy
(*Desconsolada.*) No te acerques, John. Soy impura.

Harker
(*Sentándose a su lado.*) Mi amor, para mí no eres más que pureza.

V. Helsing
La ama, y en el amor hay verdad. Ella es pura, y el mal que ha entrado en su alma debe ser erradicado.

Lucy
(*Con voz débil, a* **Van Helsing.**) Usted dijo que podía salvar el alma de Mina.

V. Helsing
El alma de Mina ya está en el Cielo.

Lucy
(*Murmurando.*) Dígame cómo.

(**Seward** *sale a escena, llega alarmado, pero* **Van Helsing** *hace un gesto de silencio.*)

V. Helsing
Tiene derecho a saberlo. Encontré su tumba. Abrí el ataúd. La encontré allí, dormida, pero no muerta... no verdaderamente muerta. Había

vida en sus mejillas, y una gota de sangre como un rubí rojo en la comisura de sus labios. Utilizando un martillo, le clavé una estaca en el corazón. Un grito, una convulsión, y luego... ya solo quedó el gesto de paz que había en su rostro cuando, con ayuda de Dios, la hice estar definitivamente muerta.

Lucy Si yo muero, júreme que le hará lo mismo a mi cuerpo.

V. Helsing Debe hacerse. Lo juro.

Seward Yo también.

(*Silencio.*)

Harker Lo juro.

Lucy Mi amor, mi padre, mi querido amigo, habéis jurado salvar mi alma. Y ahora, mi vida ha terminado. No puedo seguir viviendo para convertirme... en lo que ya sabéis.

V. Helsing No, no, señorita Lucy, por lo más sagrado, no debe ni siquiera pensar en el suicidio. Eso la pondría en su poder para siempre.

Lucy No puedo enfrentarme a este horror en el que me estoy convirtiendo.

Harker Encontraremos a ese ser que ha contaminado tu vida, le destruiremos y mandaremos su alma a arder en el Infierno. Y lo haré con mis propias manos.

Lucy — Debéis destruirle si podéis, pero con piedad en vuestros corazones, sin rabia ni venganza. Esa pobre alma que ha hecho tanto mal necesita nuestras oraciones más que cualquier otro...

Harker — No, no puedes pedirme que le perdone.

Lucy — Puede que yo también necesite vuestras oraciones y vuestra piedad.

V. Helsing — (*Le coge la mano.*) Mi querida señorita Lucy, ahora, mientras es usted misma, ayúdeme.

Lucy — ¿Cómo puedo hacerlo? No me lo diga, no. No debe decirme nada.

V. Helsing — Cada vez que ese rostro de ojos rojos ha aparecido, usted estaba pálida y exhausta después. Pero la última vez...

Lucy — (*Temblando.*) La última vez que vino dijo que yo era su prometida, que me uniría a él eternamente.

V. Helsing — ¿Y luego?

Lucy — Y luego... (*Se incorpora, cruza hacia la puerta.*) No, no, no puedo decírselo. No puedo...

V. Helsing — Debe hacerlo.

Seward   ¡Debes hacerlo, Lucy!

Lucy   Cortó una de sus venas con sus uñas. Presionó mi boca contra ella. Lo llamó su sacramento. Me obligó... Me obligó a beber... No puedo, no puedo... seguir...

(**Lucy** *hace mutis, histérica.* **Seward** *la sigue.*)

V. Helsing   Fue la noche pasada. Apenas llegué con tiempo para interrumpir el impío ritual del vampiro. Cuando oí a los perros aullar, ya era tarde.

Harker   ¡¿Y dónde está ese monstruo ahora?! ¿Dónde está?

V. Helsing   Imagino que se dedica a atormentar a Renfield.

Harker   ¡Dios, tenemos que hacer algo!

V. Helsing   Hay que servirse de Renfield para tender una trampa a su amo. Le capturaremos y le dejaremos aquí, como antes hicimos con la señorita Lucy. Cuando el conde aparezca, los tres impediremos que huya por las dos puertas y la ventana.

Harker   (*Ríe amargamente.*) ¿Impedir que huya? ¿Ese monstruo?

V. Helsing   Venceremos si cada uno sujeta un elemento sagrado.

Harker	¿Y luego?
V. Helsing	No lo sé. Será terrible, ya que desconocemos todo su poder. (*Mirando el reloj.*) Pero lo que sí sé es que quedan ocho minutos para el amanecer. Su poder decrece con la llegada del día. Su último ataúd es su único refugio. Si logramos retenerle hasta que salga el sol, le venceremos. La estaca y el martillo están listos. (*Los perros aúllan.* **Harker** *cruza hacia la ventana, hace mutis.*) Aquí está. ¡Rápido!

(**Van Helsing** *corre hacia la ventana. Agarra a* **Renfield**.) |
Renfield	(*Al ser arrastrado por* **Van Helsing**.) ¡No, no!
V. Helsing	Pero debe hacerlo, hombre, y esto puede salvar su alma y también su vida.
Renfield	¡No, no, no! ¡Yo solo, no! ¡No me deje solo! (**Van Helsing** *le empuja hacia delante.* **Renfield** *cae.* **Van Helsing** *hace mutis, cerrando la puerta y apagando las luces.* **Renfield** *se incorpora; mira alrededor.* **Renfield** *aúlla de terror, se aleja todo lo que puede de las puertas y ventanas.* **Drácula** *aparece, por la puerta central, rodeado de una pálida luz verde, con la ropa y la capa de la última vez. La luz roja de la chimenea le ilumina. Cuando* **Drácula** *se mueve,* **Renfield** *da la espalda a público.*) ¡Amo! ¡Yo no lo hice! Yo no he dicho nada. ¡Soy su esclavo, su perro! (**Drácula** *camina a su alrededor.*) ¡Amo,

no me mate! Por el amor de Dios, ¡déjeme vivir! Castígueme... tortúreme... me lo merezco... ¡pero déjeme vivir! No puedo enfrentarme a Dios con todas esas vidas sobre mi conciencia, toda esa sangre en mis manos.

Drácula   (*Muy calmado.*) ¿Acaso no te prometí que podrías venir conmigo cuando murieras, y disfrutar de siglos de vida y poder sobre el cuerpo y el alma de los demás?

Renfield   Sí, amo, quiero vidas, quiero sangre... pero no quería vidas humanas.

Drácula   Me has traicionado. Trataste de advertir a mi futura novia contra mí.

Renfield   ¡Piedad, piedad, piedad!

(**Drácula** *levanta el brazo derecho despacio contra* **Renfield**, *el cual grita, presa del pánico.* **Renfield**, *como un pájaro frente a una serpiente, se arrastra hacia* **Drácula**, *que está de pie, inmóvil. Cuando* **Renfield** *alcanza uno de los pies de* **Drácula**, *este se inclina, le coge del cuello y le levanta, ahogando los gritos de* **Renfield**. *Las puertas centrales se abren.* **Van Helsing** *enciende las luces.* **Drácula** *suelta a* **Renfield**, *que cae en un rincón y permanece allí durante la siguiente escena.* **Drácula** *se dirige hacia* **Van Helsing**, *que saca la bolsa que contiene la oblea sagrada y la sostiene frente a* **Drácula** *con la mano derecha.* **Drácula** *retrocede y se gira hacia la ventana.*

Harker *aparece a través de la ventana y sujeta un crucifijo contra* **Drácula**. **Drácula** *retrocede.* **Seward** *entra por la ventana, sujetando otro crucifijo. Los tres hombres se quedan de pie durante la siguiente escena con sus brazos derechos extendidos hacia* **Drácula**. *Él se gira, camina hacia la chimenea, se gira de nuevo y les confronta.*)

Drácula   (*Irónico.*) Amigos míos, lamento no haber estado presente para recibiros en mi casa.

V. Helsing   (*Mirando su reloj.*) Cuatro minutos para el amanecer.

Drácula   Tu reloj funciona correctamente, profesor.

V. Helsing   Tu vida en la muerte ha llegado a su final.

Seward   Por la misericordia de Dios.

(**Harker** *se acerca a* **Drácula**. *Este se gira hacia ellos.*)

Drácula   ¿A su final? Todavía no, profesor. Todavía me quedan más de tres minutos para añadir a mis quinientos años.

Harker   Y dentro de tres minutos estarás en el Infierno, donde una agonía de mil años no será más que el primer segundo de tu castigo eterno.

V. Helsing   Silencio, Harker. La señorita Lucy prohibió esto. Pidió una oración, y piedad. (*A* **Drácula**.) Haz las paces con Dios, como hombre que has sido. Nosotros no somos tus jueces. No sabemos cómo ha llegado esta maldición hasta ti y nuestro deber es sentir lástima por tu alma.

Drácula   (*Furioso.*) ¡Idiotas! Pensáis que podéis destruirme con vuestras armas, vuestro acónito... ¿A mí, que he sido rey entre los vuestros y ahora reino sobre los de mi especie? (*Se ríe.*) Habéis contaminado cinco de mis ataúdes, pero vuestra triste mente no alcanza a comprender la ubicación de mi sexto lugar de descanso.

V. Helsing   Ahora no puedes alcanzar tu último refugio. Adopta tu verdadera forma de monstruo. Puede que tus colmillos nos despedacen, pero hemos jurado retenerte aquí... (*Mira el reloj.*) ...durante dos minutos y medio, cuando caerás y podremos poner fin a tu sacrílega maldición.

Drácula   Idiotas, escuchad y dejad que mis palabras resuenen en vuestros oídos durante el resto de vuestra vida, y os torturen en el lecho de muerte. Me voy, voy a dormir en mi ataúd durante cien años. Eso es lo único que has logrado contra mí, Van Helsing. En un siglo despertaré, y llamaré a mi novia para que venga a mi lado desde su tumba. ¡Mi Lucy, mi reina! (**Harker** *y* **Seward** *se acercan.*) Tengo otras amantes de tiempos pasados que me esperan en sus tumbas en Transilvania, pero Lucy reinará por encima de todas.

Harker   Sabemos cómo salvar el alma de Lucy, si no logramos salvar su vida.

Drácula   (*Moviéndose a la izquierda.*) Ah, la estaca. Sí, pero solo si ella muere durante el día. Me encargaré de que muera de noche. Vendrá a uno de mis ataúdes cuando muera y esperará al amo. Para hacerle lo que le hiciste a Mina, Van Helsing, tendrás que encontrar su cuerpo, y no lo permitiré.

Harker   Entonces morirá durante el día.

Drácula   ¿La matarás? ¡Te falta valor, pobre rata de carne y hueso!

Seward   Silencio, John... Está perdido. Esta es su venganza. Solo pretende atormentarnos.

V. Helsing   (*Mira su reloj.*) Treinta segundos.

(*Se acercan al vampiro.*)

Drácula   (*Suave de nuevo.*) Les agradezco que me recuerden la hora.

V. Helsing   ¡Harker, abra las cortinas! (**Harker** *abre las cortinas. Hay luz rojiza del amanecer.*) Es el Este. El sol saldrá más allá de ese prado.

(**Drácula** *se cubre la cabeza con la capa.*)

Seward Las nubes se están tiñendo de color.

Harker El amanecer de Dios.

(**Harker** *deja el crucifijo sobre el escritorio,* **Van Helsing** *comprueba el reloj.* **Seward** *y* **Harker** *se acercan.*)

Drácula (*Se gira, dándoles la espalda.*) Se ha impuesto usted una amable y simpática misión persiguiendo mi muerte, señor Harker.

V. Helsing ¡Diez segundos! Estén listos cuando se derrumbe, caballeros.

(**Seward** *cruza para sujetar la capa de* **Drácula** *a su izquierda.* **Harker** *sujeta la capa a su derecha.*)

Harker ¡El sol! La estaca, profesor... ¡la estaca! Sujétele, doctor.

Seward ¡Le tengo!

(**Drácula**, *con una sonora carcajada burlona, se desvanece con la palabra «sol», dejando a los dos hombres sujetando una capa vacía. Hay un destello delante de la chimenea.* **Harker** *vuelve a la izquierda, deja caer la capa vacía delante del escritorio. Los tres hombres miran a su alrededor.*)

Harker   ¡Ha huido por la chimenea convertido en murciélago! ¡Maldita sea! ¿Han escuchado esas terribles amenazas? ¡No podemos permitir que el conde cumpla su palabra!

Seward   Dios no lo consentirá. ¿Qué deberíamos hacer ahora, Van Helsing?

(**Van Helsing** *cruza, después de mirar a* **Renfield**. *Les hace un gesto a* **Harker** *y* **Seward** *para que se acerquen. Les susurra.*)

V. Helsing   ¡Engañaremos a Renfield para que nos muestre la ruta de huida de su amo! (*Pausa.*) ¿Sería prudente dejarle con vida para que se convierta en esclavo del conde cuando muera? ¿Es nuestra esa decisión?

Seward   Pero es humano. No podemos asesinarle.

Harker   ¡Yo lo haré si usted no se ve capaz, doctor!

V. Helsing   (*A* **Seward**.) Vaya a su oficina y coja algún fármaco indoloro.

(**Renfield**, *sintiendo sus intenciones sin oír sus palabras, se ha ido acercando a la trampilla de la librería. Mira alrededor de la habitación y luego a la trampilla.*)

Renfield   ¡Van a matarme, amo! ¡Sálveme! Me iré con usted.

(*Se abre la trampilla,* **Renfield** *hace mutis y la trampilla se cierra.*)

V. Helsing ¡Nos ha enseñado el camino! ¿A dónde llega ese pasadizo?

Seward No sabía que hubiera ningún pasadizo.

(**Harker** *se apresura hacia el escritorio, coge la estaca y el martillo. Corren hacia la trampilla.*)

V. Helsing Solo ese demonio tiene la clave para forzar la trampilla. Nos abriremos camino de alguna forma. Harker... rápido, el martillo.

Oscuro.

Escena segunda

Una cripta. Absoluta oscuridad. Un ataúd a la derecha. Se ve un destello de un candil eléctrico que baja por las escaleras. Dentro del ataúd se encuentra el cuerpo de **Drácula**.

V. Helsing (*Voz en off.*) ¡Por el amor de Dios, tenga cuidado, Harker!

Seward (*Voz en off.*) Estas escaleras son infinitas.

V. Helsing (*Voz en off.*) ¡Que Dios nos proteja!

Seward (*Voz en off.*) He llegado al final.

(*Se ve una luz bajando por las escaleras.* **Harker** *aparece sujetando un farol con el que ilumina el suelo y, parcialmente, la cripta. Sujeta una estaca y un martillo en la mano izquierda.*)

V. Helsing Tenga cuidado. Estoy justo detrás de usted.

Seward ¿Qué puede ser este lugar?

V. Helsing Parece una antigua cripta. (*Grito ahogado de* **Seward**. *Se apaga el candil. Se vuelve a encender.*) ¿Qué pasa? Oh, ¿dónde está?

Seward	Lo siento. Estoy bien. Una rata enorme ha cruzado entre mis pies.
Harker	¿Dónde estamos? ¿Qué es este lugar?
V. Helsing	Apenas alcanzo a ver nada.
	(**Harker** *se mueve con el farol.*)
Harker	Este lugar huele a podredumbre.
V. Helsing	Hay un olor animal, como en la guarida de un lobo.
Harker	Eso es lo que es.
Seward	(*Iluminando con el candil.*) Aquí no hay absolutamente nada.
Harker	(*A la izquierda, con el farol.*) ¡Miren! ¡Otro pasadizo!
V. Helsing	(*Moviéndose hacia la izquierda.*) Eso pensaba. Debe llevar a Carfax. El último ataúd está escondido en algún lugar cerca de aquí.
Harker	Y allí encontraremos al monstruo envuelto en su sueño antinatural.
Seward	¡Rezo porque así sea! (*Mientras habla, la luz de su candil ilumina a* **Renfield**, *que está tirado en el suelo.* **Renfield** *grita y se escabulle hacia la derecha, hacia la oscuridad.*) ¡Renfield!

(**Harker** y **Van Helsing** *se acercan corriendo.*)

V. Helsing   ¿Dónde está?

Seward   Cerca. Aunque Renfield conociera este lugar, eso no demuestra que el vampiro esté aquí.

V. Helsing   (*Mientras Seward está hablando se mueve hacia la derecha, agarra a* **Renfield**.) ¡Es la vida del vampiro o la tuya! (*Arrastra a* **Renfield** *hacia la luz.*) Mírale, hombre, mírale. Lo sabe.

Renfield   Yo no sé nada. ¡Déjenme ir! ¡Déjenme ir, les digo!

(*Se escabulle, va hacia la derecha.*)

V. Helsing   Estaba tumbado aquí, pero ahora no quiere volver. ¡Tiene miedo! ¡Ahí descansa el conde Drácula! ¡Ah! Aquí está. ¡Abran la tumba! ¡Rápido, la estaca!

(**Harker** y **Van Helsing**, *con la estaca, se suben a una piedra y abren el ataúd. Los tres hombres exclaman por el horror y el triunfo.*)

Seward   ¡Qué ser tan horrible!

Harker   ¡Déjeme que acabe con su muerte en vida!

(**Van Helsing** *le coge la estaca a* **Harker**. **Renfield** *observa, agazapado junto al ataúd.*)

V. Helsing ¡No, Harker! (*Casi en un susurro.*) Doctor Seward, señáleme el lugar correcto para atravesar limpiamente el corazón de la bestia.

Seward Ahí. Justo ahí. Entre la quinta y la sexta costilla.

(**Van Helsing** *sujeta el martillo por encima de la cabeza, y clava la estaca con todas sus fuerzas. Un gruñido leve. Silencio. La estaca permanece clavada en el cuerpo de* **Drácula**.)

V. Helsing Miren ahora su cara... ¡esa expresión de paz!

Seward ¡Se consume!

Renfield ¡Gracias a Dios, somos libres!

Lucy (*Baja por las escaleras y se detiene.*) ¡Padre, padre! ¡John!

Harker ¡Lucy!

(**Lucy** *corre hacia* **Harker** *y se besan.*)

V. Helsing Polvo al polvo... ceniza a las cenizas... (*La luz comienza a descender de intensidad.* **Van Helsing** *da unos pasos y se dirige al público.*) ¡Solo un momento, damas y caballeros! Solo unas palabras antes de que se vayan. Esperamos que los recuerdos de Drácula y Renfield no les produzcan pesadillas. Cuando lleguen a casa esta noche y las luces estén apagadas y les dé miedo mirar detrás de las cortinas y teman ver un rostro aparecer en la ventana... simplemente, contrólense y recuerden que, después de todo, estas cosas existen.

(*Cae el...*)

Telón.

Esta primera edición de *Drácula*
de John L. Balderston, terminó de imprimirse
en octubre de dos mil veinticinco,
en Madrid.